Linda Schubert

Die heilende Kraft des väterlichen Segens

Gebet eines liebenden Vaters

Vorwort von Charles Whitehead

d&d medien gmbh

Impressum

Originaltitel: The Healing Power of a Father's Blessing
Prayer of a Loving Father based on Psalm 23
Erschienen bei Miracles of the Heart Ministries,
P.O. Box 4034 Santa Clara, CA 95056
Copyright © 1995 Linda Schubert

Copyright der deutschen Ausgabe:
© 1996 Immanuel Verlag, Ravensburg/© 1997 D&D Medien GmbH
D&D Medien GmbH, Schubertstr. 28, 88214 Ravensburg

2. überarbeitete Auflage 07/2000
Übersetzung: Dorothée Dorn
Druck & Herstellung: Holzer Druck und Medien KG, Weiler im Allgäu
Satz, Titelfoto und Umschlaggestaltung:
D&D Medien GmbH

Alle Rechte vorbehalten

ISBN 3-932842-09-X

„Daher beuge ich meine Knie vor dem Vater, nach dessen Namen jedes Geschlecht im Himmel und auf der Erde benannt wird, und bitte, er möge euch aufgrund des Reichtums seiner Herrlichkeit schenken, dass ihr in eurem Innern durch seinen Geist an Kraft und Stärke zunehmt. Durch den Glauben wohne Christus in euren Herzen. In der Liebe verwurzelt und auf sie gegründet, sollt ihr zusammen mit allen Heiligen dazu fähig sein, die Länge und Breite, die Höhe und Tiefe zu ermessen und die Liebe Christi zu verstehen, die alle Erkenntnis übersteigt. So werdet ihr mehr und mehr von der ganzen Fülle Gottes erfüllt."

(Eph 3,14-19)

Inhalt

III.

IV.

Vorwort

Als meine Frau Sue und ich vor ein paar Wochen bei einem Treffen mit Linda Schubert waren, bat sie uns, alle anwesenden Ehepaare zu segnen. Dann bat sie mich, den väterlichen, und Sue, den mütterlichen Segen zu sprechen, während andere für Singles beten sollten. Während wir beteten, spürten wir die große Kraft dieses Segens. Nach Lindas Worten haben solche Segnungen eine ungeheure Auswirkung. Nach diesem Treffen dachte ich immer wieder über Segnung nach und wartete begierig auf das Buch, das Linda über dieses Thema gerade in Arbeit hatte. Als das Manuskript eintraf, legte ich alles andere beiseite und setzte mich hin, um es in Ruhe zu lesen.

Es gibt Bücher, die mir sofort bedeutsam erscheinen. Sie scheinen gerade im richtigen Moment herausgegeben zu werden und begeistern mich richtig während des Lesens. Ich denke, darüber sollte ich eigentlich nicht überrascht sein, schließlich weiß Gott sehr viel besser, was wir brauchen und führt uns dadurch immer auf irgendeine Weise. Beim Lesen von *Die heilende Kraft des väterlichen Segens* werden mit Sicherheit viele Menschen seine Stimme hören. Es gehört zu diesen inspirierten, zeitgemäßen Büchern.

Dieses Buch ist deshalb wichtig, weil es uns etwas vor Augen führt, das entweder in Vergessenheit geraten oder uns womöglich nie bewusst geworden ist: Segensworte, die jemand über uns ausspricht, können lebensverändernd wirken. Das ist zeitgemäß, denn wir leben in einem

Zeitalter rapider, dramatischer Veränderungen, in dem alles hinterfragt wird. Für uns bedeutet das, dass wir uns nicht länger auf traditionelle Werte unserer Gesellschaft und althergebrachte Sitten stützen können. Aber wir sollten uns mit dem Wissen trösten, dass wir, was immer um uns her geschieht, als Söhne und Töchter des Vaters in uns selbst einen unschätzbaren Wert haben. Und das ist noch nicht alles – wir sind es wert, geliebt und angenommen zu werden. Durch nichts können wir dies besser am eigenen Leib erfahren, als wenn wir uns gegenseitig segnen.

Dieses Buch ist nicht nur wichtig und zeitgemäß – es ist auch praxisnah. Linda erinnert uns daran, dass ein Segen von Gott zu Mensch und von Mensch zu Mensch gegeben werden kann. Er kann uns von unserem himmlischen Vater, unserem irdischen Vater oder von jemandem, der diesen vertritt, gespendet werden. Wir täten alle gut daran, diese Botschaft begierig in uns aufzunehmen und in die Praxis umzusetzen. So würden wir nicht nur lebensspendende Botschaften weitergeben, sondern wir wären auch ein Segen füreinander.

Der Herr segne und erneuere Sie, während Sie dieses Buch lesen.

Charles Whitehead
London, England
Präsident des ICCRS*

*International Catholic Charismatic Renewal Service – Internationaler Katholisch-Charismatischer Erneuerungsdienst

I. Unser Verständnis vom Segen

Einführung

„... Du, Herr, bist unser Vater ...“ (Jesaja 63,16)

Wenn ich auf meinen Reisen in der ganzen Welt Gebets-
und Heilungsseminare halte, stelle ich bei der Einführung
in das Thema „Segen“ jedesmal fest, wie sich unter den
Zuhörern eine Stille ausbreitet, als hätte ich an verschüt-
tete Erinnerungen oder tiefe Sehnsüchte gerührt.
Wiederholt habe ich bei Heilungsgottesdiensten Menschen gebeten aufzustehen, die nie einen väterlichen
Segen erhalten hatten oder die das Gefühl hatten, dieser
Segen reiche irgendwie nicht aus. Dann lade ich einen
„reifen“ Vater der Gemeinde vor Ort ein, vor Gott in
diese „Segenslücke“ zu treten und diesen väterlichen
Segen über alle Bereiche des Lebens der betreffenden
Person auszusprechen, wo sie ihn braucht. Nach allem,
was ich an Reaktionen gehört habe, ist dies immer eine
sehr heilende Erfahrung für solche Menschen. Da ich
ihre Sehnsucht spürte und mir auch mein eigenes
Verlangen nach Segen bewusst wurde, entschloss ich
mich, dieses Buch zu schreiben.

Vielleicht lässt dieses Thema in dir ähnliche Gefühle auf-
kommen. Du möchtest zwar den Segen des Vaters erhalten, auch wenn du nicht genau weißt, was du dir darun-
ter vorstellen sollst. Folgendes Gebet könnte ein
Ausgangspunkt sein:

„Gott, ich verstehe eigentlich nicht, was ein väterlicher Segen ist, möchte es aber begreifen. Die Heilige Schrift bezeichnet Dich als Gott, den Vater, und doch weiß ich nicht, was es heißt, dass Du mein Vater bist. Meine Erfahrung mit einem liebenden Vater ist begrenzt. Ich brauche Deine Liebe. Ich brauche einen Vater. Ich brauche Segen. Ich glaube, dass Du derjenige bist, der mich segnen kann, aber ich weiß nicht, wie ich diesen Segen annehmen soll. Trotz meiner Unsicherheit öffne ich jetzt mein Herz und empfange diese Gabe von Dir. Danke, Herr. Amen."

Was ist Segen?

Segen kann unter anderem so definiert werden: Zustimmung, Ermutigung, etwas, das zu Glück und Wohlergehen beiträgt. Andere Ausdrücke, die mit Segen gleichgestellt werden, sind: Lob, Ehre, Weihe, Gunst, gutes Gelingen, Vergebung. Das Wort Lobrede wird in einem Lexikon (Vine's Expository Dictionary) mit Segen assoziiert und bedeutet: Gutes sagen über, zustimmend reden über. Einen Menschen segnen, heißt: Ich sehe Gottes Güte in dir. Einen Menschen segnen, heißt, die Wahrheit sagen: Gottes Güte ist in ihnen; du siehst das und du sagst es. Du ermutigst ihn, es auch zu sehen. Und dann ... geschieht etwas Wunderbares.

Eine Schriftstelle, die mir hierzu einfällt, ist die aus Ezechiel im Tal der vertrockneten Gebeine.

„... Sprich als Prophet über diese Gebeine und sag zu ihnen: Ihr ausgetrockneten Gebeine, hört das Wort des

Herrn! ... Ich selbst bringe Geist in euch, dann werdet ihr lebendig." (Ez 37,4-5)

Ein Segen kann zu unseren „ausgetrockneten Gebeinen" sprechen und sie neu ins Leben rufen. Wir alle brauchen Aufmunterung und Ermutigung.

Stell dir unter Segen die zärtliche, heilende Stimme deines himmlischen Vaters vor (der oft menschliche Stimmen als Kanal für seine Absichten gebraucht). Er spricht Liebe und Annahme in dein Blut, deine Knochen, deine Sehnen und Nerven, in Herz, Geist und Seele. Betrachte ihn als prophetisches Liebeswort, das tief in deinen Geist hinein gesprochen wird und Leben an alle trockenen und leeren Stellen bringt. Er ladet uns ein, ihm zu glauben, wenn er in Ezechiel 37,14 sagt: *„... Ich habe gesprochen und ich führe es aus – Spruch des Herrn."* In Jeremia 29,11 steht: *„Denn ich, ich kenne meine Pläne, die ich für euch habe ... Pläne des Heils ... ich will euch eine Zukunft und eine Hoffnung geben."*

Der Herr ermutigt uns zu glauben, dass ein Wort, das in seinem Namen ausgesprochen wird, wirklich etwas bedeutet und etwas ausrichtet.

„Denn wie der Regen und der Schnee vom Himmel fällt und nicht dorthin zurückkehrt, sondern die Erde tränkt und sie zum Keimen und Sprossen bringt, wie er dem Sämann Samen gibt und Brot zum Essen, so ist es auch mit dem Wort, das meinen Mund verlässt: Es kehrt nicht leer zu mir zurück, sondern bewirkt, was ich will,

und erreicht all das, wozu ich es ausgesandt habe."
(Jes 55,10-11).

Etwas Wirkliches und Lebenspendendes wird durch einfache Segensworte vermittelt.

Warum ist gerade der väterliche Segen so wichtig?

Jeder Segen hat Wert, aber der Segen eines Vaters scheint ungeheuer wichtig zu sein, vor allem in der heutigen Zeit, in der Väter ganz besonders Stärkung und Ermutigung brauchen. In einem Zeitungsartikel wurde berichtet, dass 37% der Kinder in den Vereinigten Staaten von ihren Vätern getrennt leben. Vaterlosigkeit gilt in der Tat als eines der dringendsten sozialen Probleme der heutigen Welt. Experten sind sich einig, dass ein Großteil unseres Zusammenbruchs in der Gesellschaft – Gesetzlosigkeit, Pornographie, häusliche Gewalt, Teenager-Schwangerschaften, Abtreibung, Studienabbruch – mit dieser Vaterlosigkeit zusammenhängt. In einer Fernsehsendung, die sich mit diesem Thema befasst, wurde das gesetzlose Handeln vieler Kinder heute diskutiert. Man sprach darüber, dass Kinder Väter brauchen, die ihnen zeigen, wie männliche Erwachsene leben sollten. Es wurde erläutert, dass heutige Kinder kein Gespür dafür entwickelt haben, wie sie sich verhalten sollen. Viele christliche Leiter glauben, dass diese „Vaterwunde" eine der schlimmsten auf der Erde überhaupt ist. Die fehlende gesunde Bindung mit dem Vater macht junge Menschen soviel empfänglicher für jeden, der ihnen Liebe und Freundschaft verspricht, dass sie in ihrer Schutzlosigkeit eine leichte Beute für Kulte und überkontrollierende religiöse Gruppierungen werden.

Manchmal besteht diese Vaterlosigkeit trotz der Anwesenheit des leiblichen Vaters, da dieser emotional abwesend ist oder keine sichere Umgebung schafft, in der seine Kinder sicher und frei aufwachsen können. Ein Vater sagte in der Erinnerung an seinen eigenen alkoholsüchtigen Vater: „Ich hatte nie einen Vater, der sich um mich kümmerte." Er hatte immer damit gekämpft, auch ohne gutes Vorbild ein liebender Vater zu sein. Selbst der beste Vater in einem christlichen Zuhause ist nicht vollkommen. Wie ein Seelsorger sagte: „Nur wenige junge Leute kommen heutzutage aus einem gesegneten Haushalt."

Da ich keine gesunde Bindung mit meinem Vater hatte, war ich jahrelang sehr unsicher gegenüber Leuten, die über mich bestimmten und mir sagten, was ich zu tun und zu denken hatte. Ab einem bestimmten Punkt glaubte ich, gar nicht mehr selbstständig denken zu können. Ich versuchte ständig, jemand zu sein, der ich nicht war, nur um anderen zu gefallen und mir deren Respekt zu verdienen. Dann begegnete ich Jesus und entdeckte, dass ich das Recht hatte, ich selbst und einzigartig zu sein. Danach gab es in meinem Leben keinen Platz mehr für die alte Knechtschaft. Jesus kommt und setzt uns mit seiner erlösenden Liebe frei.

Richard, Vater von acht und Großvater von neun Kindern, sagte mir: „Ich war kein schlechter Vater. Ich war nur deshalb kein guter und liebender Vater, weil ich nicht wusste, wie das geht." Viele heutige Väter hatten selbst keine liebenden Väter, die das Leben mit ihren Kindern teilten. Sie machen am alten Muster weiter und bleiben mit der Schuld allein, nicht alles zu tun und zu sein, was ihre Kinder brauchen.

Erlösung von Schuld

Wir sind mit einer Leere im Herzen geschaffen, die nur Gott, der Vater füllen kann. Wie sehr auch ein Vater sich anstrengen mag, seine Kinder werden trotzdem den Vater-Segen vom Vater Jesu brauchen. Deshalb ist Jesus gekommen – um uns zu seinem Vater zu bringen. Egal wie gut oder schlecht unser leiblicher Vater war, in unserem Herzen ist ein stummer Schrei nach einem Vater, der nur durch Gott, den Vater, gestillt werden kann.

Egal, wie unsere Beziehung oder fehlende Beziehung mit unserem Vater war, egal, wieviel Segen unser eigener Vater uns zu geben imstande war, Gott hat seine väterlichen Absichten und seinen Segen für uns so zum Ausdruck gebracht:

„Dann will ich euch aufnehmen und euer Vater sein, und ihr sollt meine Söhne und Töchter sein, spricht der Herr, der Herrscher über die ganze Schöpfung." (2 Kor 6,17-18).

Als Richard sich seiner Gefühle über den Vater-Segen bewusst wurde, betete er etwa folgendermaßen:

„Herr, ich gebe Dir meine Verletzungen, meine Wut und meinen Schmerz im Zusammenhang mit meinem irdischen Vater. Ich bereue, wo immer ich darauf mit Fluch, statt mit Segen reagiert habe. Ändere Du jetzt

das Familienmuster von Fluch in Segen. Lass mich durch meinen Mangel und meinen Hunger dafür offen werden, Segen zu empfangen und zu spenden."

Mit diesem Gebet begann für Richard ein Prozess der inneren Heilung. Wenn wir Gottes Worte aussprechen und annehmen, kann auch für uns ein Heilungsprozess in Gang kommen.

Väter, die bei sich selbst und bei ihren Kindern Vaterwunden entdecken, müssen wissen, dass sich im Leben ihrer Kinder etwas verändern kann, wenn sie den Segen JETZT aussprechen. Das wird sie auch von der Schuld befreien, ihre Elternrolle nicht so erfüllt zu haben, wie sie das gerne hätten. Den Vater-Segen zu empfangen, kann in deinem eigenen Leben und im Leben deiner Kinder und deren Kinder etwas verändern.

Negative Aussagen zurückweisen

"... und der Herr, dein Gott, hat für dich den Fluch in Segen verwandelt; denn der Herr, dein Gott, liebt dich." (Dtn 23,6)

Wir alle haben negative Worte ausgesprochen und waren selber Zielscheibe für verletzende Worte. Wir haben deren zerstörerische Macht erlebt. Zum Beispiel: „Du wirst nie etwas taugen", „Du bist zu dumm, um zu lernen", etc. (die meisten haben eine längere Liste). Nehmen wir uns einen Augenblick Zeit und bitten den Herrn, uns von Erinnerungen an negative Worte, die wir oder andere ausgesprochen haben, zu befreien.

Bete:
„Vater, danke, dass Du mich zu einer neuen Schöpfung gemacht hast. Ich empfange jetzt Deinen Heiligen Geist, damit ich Dein Wort zur Trennung von Licht und Finsternis aussprechen kann. Ich sage: Es werde Licht. Lass das reinigende Wasser Deines Wortes den Schutt aus negativen, unfreundlichen, ablehnenden Worten abwaschen, die ich angesammelt, geglaubt und mir angeeignet habe. Überschütte mich mit der Frische Deiner Barmherzigkeit und Gnade. Vergib mir die verletzenden Worte, die ich für andere gebraucht habe, gesprochen oder ungesprochen. Bitte schenke anstelle der Wunden Deinen heilenden Segen. Danke, Vater, dass Du das tun willst. Ich danke Dir jetzt und empfange Dein Wort der Liebe und des Segens in Jesu Namen. Amen."

Segen in der Heiligen Schrift

Es gibt zahllose Hinweise auf Segen im Alten Testament. In Genesis 1,28 schuf Gott Adam und Eva und segnete sie dann: *„Gott segnete sie und Gott sprach zu ihnen: Seid fruchtbar und vermehrt euch ..."* Er segnete Abraham und seine Nachkommen in Genesis 22,16-18: *„Weil du das getan hast und deinen einzigen Sohn mir nicht vorenthalten hast, will ich dir Segen schenken in Fülle und deine Nachkommen zahlreich machen wie die Sterne am Himmel ... Segnen sollen sich mit deinen Nachkommen alle Völker der Erde ..."*

Jakob sprach seinen Segen über seine Söhne. Sein Segen für seinen Sohn Josef wird in Genesis 49,24-26 erwähnt:

„Das kommt vom Starken Jakobs, von dort kommt der Hirt, Israels Fels, vom Gott deines Vaters, er wird dir helfen. Gott, der Allmächtige, er wird dich segnen mit Segen des Himmels von droben, mit Segen tief lagernder Urflut, mit Segen von Brust und Schoß. Deines Vaters Segen übertrifft den Segen der uralten Berge, den man von den ewigen Hügeln ersehnt. Er komme auf Josefs Haupt, auf das Haupt des Geweihten der Brüder."

Moses sprach Segen über die Stämme Israels in Deuteronomium 33. Sein Ascher-Segen steht in den Versen 24-27: *„Mehr als die (anderen) Söhne sei Ascher gesegnet, bei seinen Brüdern sei er beliebt, er bade seinen Fuß in Öl. Deine Riegel seien von Eisen und Bronze. Hab Frieden, solange du lebst! Keiner ist wie der Gott Jeschuruns, der in den Himmel steigt, um dir zu helfen, auf die Wolken in seiner Hoheit. Eine Wohnung ist der Gott der Urzeit, von unten (tragen sie) die Arme des Ewigen. Er trieb den Feind vor dir her ..."*

Die Schrift weist auf die Pflicht der Priester hin, das Volk im Namen des Herrn zu segnen. In Numeri 6,23-26 sagt der Herr zu Moses:
„Sag zu Aaron und seinen Söhnen: So sollt ihr die Israeliten segnen; sprecht zu ihnen:
Der Herr segne dich und behüte dich.
Der Herr lasse sein Angesicht über dich leuchten
und sei dir gnädig.
Der Herr wende sein Angesicht dir zu
und schenke dir Heil.
So sollen sie meinen Namen auf die Israeliten legen
und ich werde sie segnen." (Num 6,27)

Jesus segnete die kleinen Kinder in Markus 10,16: *„Und er nahm die Kinder in seine Arme; dann legte er ihnen die Hände auf und segnete sie."* Durch Wort und Berührung stellte er eine tiefe, lebensverändernde Verbindung zu ihnen her. Das Thema Segen ist Gott zweifellos wichtig.

Segenserfahrungen

Psalm 129,8: *„... Der Segen des Herrn sei mit euch. – Wir aber segnen euch im Namen des Herrn."*

Nancy, eine langjährige Freundin von mir, hat sich zur Gewohnheit gemacht, Menschen, denen sie begegnet: „Gott segne Sie" zu sagen. Ich habe zum Beispiel erlebt, wie sie im Auto zu leichtsinnigen Fahrern sagte: „Gott segne Sie". Es ist bei ihr eine Reaktion aus Liebe. Sie sagt auch gerne: „Gott segne Ihr Herz", selbst zu Fremden auf der Straße. Sehr oft reagieren diese mit Dankbarkeit: „Oh, danke! Mein Herz braucht heute wirklich Segen." Etwas in ihnen scheint aufzublühen, wenn sie diesen einfachen Segenswunsch weitergibt. *„Dadurch sollen sie getröstet werden ..."* (Kol 2,2)

Im Alter von 21/2 Jahren kannte Jason die Macht des Segens. Bei einem sonntäglichen Gottesdienst, während seine Mutter Kay und seine Großmutter Barbara gerade nach vorne zur Kommunion gehen wollten, rannte Jason plötzlich los, den Mittelgang entlang nach vorne und faltete seine Hände zum Gebet: „Mein Segen, mein Segen!", schrie er seiner äußerst verlegenen Mutter entgegen.

Ich kenne eine Familie mit zehn Kindern, die in der Tradition eines täglichen Segens aufwuchsen. Jeden Morgen standen der Vater oder die Mutter an der Tür, wenn die Kinder zur Schule gingen, machten das Kreuzzeichen auf ihre Stirn und baten Gott um Segen und Schutz. Für jeden von ihnen war das ein kostbarer Augenblick.

Andere Familien praktizieren einen „Vergebungs-Segen". Sobald Spannungen und Konflikte die Einheit untereinander stören, versammeln sie sich in einem Kreis im Wohnzimmer und stellen einen Stuhl in die Mitte. Einer nach dem anderen sitzt auf den Stuhl und bittet um Vergebung für Verletzungen, die er andern zugefügt hat. Der siebenjährige Sohn sagt etwa zu seiner Schwester: „Es tut mit leid, dass ich dein Spielzeug kaputtgemacht habe. Bitte vergib mir." Dann sprechen die Familienmitglieder Vergebung aus und ermuntern den, der auf dem Stuhl sitzt. Zum Schluss werden ein Segen und ein Gebet gesprochen. Dann setzt sich jemand anders auf den Stuhl. Wenn es Spannungen in der Familie gibt, erinnern auch mal die Kinder ihre Eltern: „Es ist wieder Zeit für eine Vergebungsrunde". Vergebung, ob gewährt oder empfangen, ist ein mächtiger Kanal für Segen.

Madeleine, eine Freundin, wuchs in Malta auf. Ihre Eltern machten den Kindern die Bedeutung des Segens klar. Die Kinder gingen jeden Morgen zuerst eines nach dem anderen zu ihren Eltern und sagten: „Guten Morgen, Mama. Segne mich. Guten Morgen, Papa. Segne mich." Die Eltern antworteten jeweils: „Guten Morgen, Liebling. Gott segne dich." Madeleine und ihre Geschwister verließen das Haus nie ohne den Segen ihrer Eltern. Als Erwachsene gaben sie diese Tradition an ihre Kinder weiter.

Jasons Großmutter, Barbara, erinnert sich noch, wie ihr Vater mit ihr als Schulmädchen betete und jeden Abend Gott um seinen Segen für ihr Leben bat. Als Frau von Ende fünfzig erzählte sie jetzt von der Macht seines Segens. Durch die Bestätigung ihres Vaters wuchs sie mit dem Mut auf, hinauszugehen, die Welt zu erforschen, zu reisen, Neues auszuprobieren. Sein Segen verschaffte ihr Zugang zu dem Leben in ihr. Es war wie eine befähigende Gnade, die sie voranbrachte. Sie musste nicht woanders hingehen und den Segen suchen oder darum ringen, ihren Wert zu beweisen wie soviele andere. Sie wusste im Tiefsten ihrer Seele, dass sie geliebt und unterstützt wurde. Sie weiß den Gewinn dieses väterlichen Segens in ihrem Leben wirklich zu schätzen. *„Der Segen des Vaters festigt die Wurzel …"* (Sir 3,9)

Dann gibt es auch, einem Segen ähnlich, das liebende und heilende Wirken Gottes, das letztlich nur als Segen beschrieben werden kann. Dies wird im folgenden Beispiel veranschaulicht:

Kleines Mädchen im Schandkleid

„Mädchen, ich sage dir, steh auf!" (Mk 5,41)

Ich war Mitte vierzig, als diese Heilung passierte. Eines Tages sah ich im Gebet in einer inneren Vision ein etwa achtjähriges Mädchen, das zusammengekauert in einem schmutzigen weißen Kleid unter dem Küchentisch saß.

Jesus trat zu ihr, streckte seine Hand nach ihr aus, zog sie hoch und sagte voller Zärtlichkeit und Mitleid: „Kleines Mädchen im Schandkleid." Als er ihre Hand berührte und die Worte sprach, begann sie zu strahlen und ihr Kleid verwandelte sich in ein gelbgetupftes Partykleid. Sie wirbelten und tanzten zusammen in der Küche herum. Ich war das kleine Mädchen und ich wusste, dass der Herr gerade eine tiefe Narbe geheilt hatte, die mit meinem Vater zusammenhing.

Hier scheinen ein paar Überlegungen wichtig zu sein. Erstens, Jesus sprach die Wahrheit darüber aus, wie ich mich fühlte (gekleidet in Schande). Diese Worte waren wie ein Laserstrahl, der etwas aus der Vergangenheit durchdrang, weswegen ich mich immer versteckte und nach innen kehrte, weil ich mich schmutzig fühlte. Er sprach die Wahrheit aus, wie ich mich fühlte und führte mich dann weiter, zu der größeren Wahrheit, wer ich bin in ihm. Diese Art, mich von der beschämenden Erinnerung zu befreien ist eines von vielen Beispielen, wie mein himmlischer Vater meine Eltern ersetzt hat. Jesus kommt, um zu heilen, zu segnen, uns freizusetzen. *„Da hast du mein Klagen in Tanzen verwandelt, hast mir das Trauergewand ausgezogen und mich mit Freude umgürtet."* (Ps 30,12)

Meine Erfahrungen mit Dad

Ich war jemand, der sich nach dem Vater-Segen sehnte. Als ich über dreißig war, bat ich Dad einmal, für mich zu beten und Jesus zu bitten, meine Kopfschmerzen wegzunehmen. Wir waren allein im Auto, es war Abend und der

Kopfschmerz hatte mich schon den ganzen Nachmittag genervt. Es war das erste Mal überhaupt, dass ich meinen Vater bat, für mich zu beten. Er war Atheist und ein gefühlsmäßig abwesender Vater, dessen Berührung nicht immer heilsam war. Ich fühlte mich in seinen Armen nie sicher. Ich kann mich nicht daran erinnern, je mit einem ernsthaften Problem zu ihm gegangen zu sein, ihn um Rat gefragt oder für irgendeine größere Angelegenheit um Hilfe gebeten zu haben. Er erfuhr nie etwas davon, dass ich Brustkrebs hatte; nie sagte ich ihm, dass man mir eine Brust entfernt hatte. Ich wollte etwas so Persönliches nicht mit ihm besprechen. Ich brauchte väterliche Liebe für diese lebensbedrohliche Krankheit und hatte einfach Angst, seine Liebe würde nicht väterlich sein. Ich kam ins mittlere Alter, ohne je die Höhen und Tiefen des Lebens mit ihm geteilt zu haben.

Aber dieses eine Mal bat ich ihn darum, seine Hand auf meinen Kopf zu legen und Jesus darum zu bitten, dass er mein Kopfweh wegnimmt. Er legte zögernd seine rauhe Zimmermannshand auf meinen Kopf und sagte: „Jesus, nimm mein Kopfweh weg." Er sagte es nicht einmal richtig, aber das Kopfweh verschwand. Da ich auf die Eingebung hin, meinen Vater zu ehren, gehandelt hatte, wurde die Macht von Gottes Wort in seinem Gebot freigesetzt: „Ehre deinen Vater und deine Mutter." In Epheser 6,2-3 heißt es: *Ehre deinen Vater und deine Mutter ... **damit es dir gut geht** und du lange lebst auf der Erde."*

Es gab dann tatsächlich noch einen Augenblick tiefer Begegnung zwischen Dad und mir. Er war 85 Jahre alt, inzwischen Christ, und lag im Sterben. Ich saß neben ihm auf seinem Totenbett; er lag im Koma. Das einzige Geräusch, das er von sich gab, war das Rasseln in seiner Kehle, das den nahen Tod ankündigte. Jahrelang hatte ich um Heilung in meiner Beziehung zu ihm gebetet. In meinem Leben gab es ein Muster, vor Männern immer davonzulaufen. Ich wusste, dass das teilweise damit zusammenhing, dass ich mich in Daddy's Armen nie sicher fühlte. So saß ich da, meine Hand auf seiner Brust, und betete lange still, alten Erinnerungen nachspürend. Nach einer Weile spürte ich die Gegenwart des Herrn ganz besonders und etwas veränderte sich. Dann sagte mein Vater einige Worte, die wie Kugeln aus einem Gewehrlauf herausschossen, und doch hätte jemand anders im Raum dieses Flüstern nicht gehört: „Es tut mir *leid*!" Diese Worte reisten gute vierzig Jahre zurück, um den verwundeten Geist eines kleinen Mädchens anzurühren, und etwas kam innerlich zur Ruhe. Ich sagte: „Ich vergebe dir, Daddy." Am nächsten Tag starb er. In den Monaten und Jahren darauf entdeckte ich eine neue Freiheit in der Freundschaft mit Männern und hatte nicht mehr so sehr das Bedürfnis, beim ersten Anzeichen von Schwierigkeiten in einer Beziehung davonzulaufen. Sein „Es tut mir leid" berührte mein Herz wie ein Segensspruch. Meine Fähigkeit, Gott als liebendem Vater zu vertrauen, wuchs durch diese heilende Erfahrung.

Das Erlebnis einer Frau aus Europa

„... der dich dein Leben lang mit seinen Gaben sättigt" (Ps 103,5)

Als ich diese Geschichte bei einem Treffen in Kanada erzählte, berichtete mir anschließend eine Frau aus Europa über eine ähnliche Geschichte mit ihrem Vater. Sie saß an seinem Bett und ging mit ihm durch einen Vergebungsprozess, als er bewusstlos und dem Tode nahe dalag. Sie sprach mit der Verletzlichkeit eines Kindes: „Daddy, ich brauche deinen Segen bevor du stirbst. Bitte, gib mir deinen Segen!" Er antwortete ihr von Geist zu Geist, genau, wie mein Vater zu mir gesprochen hatte: „Ich gebe dir meinen Segen. Ich segne dich." Er starb bald nach diesen Worten. Sie spürte, wie in ihrem Geist etwas zur Ruhe kam und wie sie mit neuer Entschlossenheit und frischem Mut für das Leben gerüstet wurde. In den letzten Augenblicken seines Lebens gab er ihr etwas, nach dem sie sich ihr ganzes Leben gesehnt hatte. Sein Segen füllte einen Ort in ihrem Herzen, der trocken und leer gewesen war. Sie gab ihre Zustimmung dazu, dass ihr Vater seinen Platz in ihrem Herzen einnahm, und diese Entscheidung machte es erst möglich, dass Gottes Wort wirkte.

Zu Seiner Zeit

„Gott hat das alles zu seiner Zeit auf vollkommene Weise getan ..." (Koh 3,11)

Jahre, nachdem mein Vater gestorben war, sah ich auf einem Flug von San Francisco nach New Orleans das strahlende Gesicht meines Vaters in einer Vision vor mir. Als ich es mit Staunen betrachtete, hörte ich die Stimme des Herrn in mir sagen: „Nimm jetzt die Güte deines Vaters in dich auf."

Durch meine früheren Verletzungen hatte ich mich selbst von allem Guten und weniger Guten abgeschottet. Dadurch fehlte mir eine gewisse Vitalität in meinem Leben, wie sie von meinem Vater hätte kommen können. So sagte ich einfach: „Ja, Herr, ich nehme die Güte meines Vaters *von Dir* an." In diesem Augenblick fühlte ich neuen Mut, Stärke und Vitalität in mir aufsteigen. Ich erinnerte mich plötzlich an gute Dinge: seine Freundlichkeit, seine Kreativität, seinen ehrbaren Charakter als Geschäftsmann. Ich erinnerte mich daran, wie er ein kleines Mädchen zu retten versuchte, das einen Wasserfall hinuntergefallen war. Nun war es mir möglich, dem Herrn für das Geschenk meines Vaters zu danken.

Ein anderes Mal fuhr ich an einem Haus vorbei, in dem ich als Kind gelebt hatte. Als Furcht und Traurigkeit in mir aufsteigen wollten, hörte ich wieder die Stimme des Herrn in meinem Herzen. Seine Stimme war voller Erbarmen, als er folgende Worte in mein Herz ausgoss: „Dein Vater wusste nicht, wie er lieben sollte und wie er alles richtig machen sollte. Er konnte es einfach nicht." Später, als ich über diese Worte nachdachte, wurde mir etwas Wichtiges klar: Ich hätte diese Worte nicht hören können, wenn ich mich nicht schon vorher entschieden hätte, Dad bedingungslos zu lieben und dem Gebot, ihn zu ehren, zu folgen. Jesus lebt in uns, um die Absichten Gottes in uns zu erfüllen.

Bei dieser Begegnung mit dem Herrn während der Autofahrt konnte ich ein bisschen wie er für meinen Dad empfinden. Und da ich ihm eine Antwort geben wollte, sagte ich laut: „Jesus, ich möchte geheilt werden. Hilf mir zu lernen, wie ich Deine Heilung in meinem Leben zulassen kann." Ich habe entdeckt, dass es in vielen Situationen wichtig ist, solche Gedanken an Jesus laut auszusprechen. Indem man die Worte ausspricht, wird man anscheinend viel offener für den Heilungsprozess.

Mein Gebet für dich ist, dass du dich für diese Art von Heilung öffnest. Ich bete, dass du Jesus alle negativen und schmerzhaften Gefühle bringst, die Wahrheit aussprichst und sie von ihm hörst; dann lass ihn dich in die Wahrheit führen, wer du in ihm bist. Ich bete, dass du zu der Ganzheit und Einzigartigkeit kommst, die dir vom himmlischen Vater geschenkt wird. Ich bete, dass du deinen irdischen Vater zur rechten Zeit mit den Augen deines himmlischen Vaters siehst. Und ich bete, dass du zum richtigen Zeitpunkt, den der Herr bestimmt, in der Lage sein wirst, die Güte deines leiblichen Vaters in dich aufzunehmen.

Den Gott der Liebe kennenlernen

Ich bete, dass Jesus dir besondere Ereignisse ins Gedächtnis ruft, die, wenn sie auch kein spezieller Segen waren, doch die Eigenschaften eines Segens hatten. Vielleicht war es die Freundlichkeit eines Polizisten, einer väterlichen Geste durch einen Nachbarn, das heilende Wort eines Lehrers – jemand, der dir zeigte, wie ein Vater sein kann. Zwar ist Gott größer und besser, aber es war doch wie der flüchtige Blick eines Vaters. Mein Gebet ist, dass du in vergangenen Ereignissen Segen erkennen kannst, der für dich damals noch nicht sichtbar war. Und ich bete, dass Er dir auf deinem geistlichen Weg viele väterliche Menschen schenkt, die dich an Vaterstatt begleiten.

Gott lässt uns nicht als Waisen zurück. Er sagt in Psalm 27,10: *„Wenn mich auch Vater und Mutter verlassen, der Herr nimmt mich auf."* Das erinnert mich an ein beliebtes afrikanisches Sprichwort: „Gott schafft einen Weg, wo kein Weg ist." Jesus führt uns zum Vater, der uns immer aufnehmen und niemals vergessen wird. Er wird oftmals einen anderen irdischen Vater gebrauchen, um uns die Erfahrung des Vater-Segens zu schenken.

Der Heilige Geist macht die Väter anderer fähig, für uns Christus zu verkörpern (um uns zu zeigen, wer wir in Christus sind). Durch sie können wir etwas über einen Gott der Liebe erfahren; einen Gott, dem wir vertrauen können; einen Gott, der verlässlich und vertrauenswürdig ist. Sie können uns in eine Spiritualität einführen, die unser Herz und unseren Geist zum Wachstum befreit. Diese Erfahrung ist wie eine Brücke zum Vertrauen in unseren liebenden himmlischen Vater.

Don, ein Freund von mir, erzählte mir von einer Zeit in seinem Leben, in der er geistlich wachgerüttelt wurde. Sein Vater war Geschäftsmann und praktizierender Katholik, der das Naturell seines Sohnes nicht erkannte und so seine besondere geistliche Entwicklung nicht unterstützen konnte. Der Herr führte Ernie als geistlichen Elternersatz zu Don. „Ich weiß nicht, was passiert wäre, wenn Ernie nicht da gewesen wäre, um zuzuhören, mich zu ermuntern und als väterliches Vorbild zu fungieren", sagte Don. Seine väterliche Gegenwart und seine warmherzige, gesunde Spiritualität schafften ein Klima, in dem Don sich frei entfalten konnte. In einer für Don kritischen Zeit ließ Ernie ihn an seinem eigenen geistlichen Prozess teilhaben, ohne den Versuch, ihn damit zu kontrollieren oder in eine bestimmte Richtung zu drängen. Don sagte: „Er brachte meinem Geist Heilung und Offenheit." Heute ist Don der geistliche Vater vieler junger Männer und Frauen.

Segen eines geistlichen Vaters aus der Gemeinde

„Da suchte ich unter ihnen einen Mann, der eine Mauer baut oder für das Land in die Bresche springt ..." (Ez 22,30)

Wenn ich bei Heilungsgottesdiensten die Menschen bitte aufzustehen, die einen Vater-Segen brauchen, erheben sich gewöhnlich einige von ihren Sitzen; andere geben später zu, dass sie im Herzen auch aufgestanden sind, aber nicht wollten, dass es jemand sieht. Manche haben Angst, ihren Vater zu entehren, wenn sie diesen Mangel zugeben. (Die Wahrheit setzt uns frei, geheilt zu werden!). Dann bitte ich einen Vater, den Segen zu sprechen, denn es ist wichtig, dass die Worte von einer männlichen Stimme gesprochen werden.

Dieser Vater betet stellvertretend für die Betreffenden, dass sie im Herzen erkennen, wie sehr sie geliebt und gewollt waren. In 1 Johannes 4,16 steht: *„Wir haben die Liebe, die Gott zu uns hat, erkannt und gläubig angenommen. Gott ist die Liebe, und wer in der Liebe bleibt, bleibt in Gott und Gott bleibt in ihm."* Unsere

Berufung als Christen ist es, zu lieben, doch können wir nicht lieben, solange die leeren Stellen in unserem Herzen nicht mit seiner Liebe gefüllt sind. Wir müssen „wissen und glauben".

Der „Vater", der den Segen spricht, bittet Gott den Vater, das Leben dieser Menschen zu berühren und seine Liebe in ihren Geist auszugießen, ihre Kinderherzen anzurühren, die nie die ganze notwendige Liebe erfahren haben und die ungesegneten Bereiche in ihrer Seele zu segnen. Er betet, dass sie sich in Gottes Liebe sicher fühlen und ihre Barrieren fallen lassen, dass sie ihm mit ihrem ganzen Leben vertrauen. Er betet, dass sie chronisch negative Erwartungen und den falschen Drang, zu versagen, loslassen. Er betet, dass sie ihre Rebellion und das übersteigerte Bedürfnis, sich zu beweisen, loslassen, außerdem alles destruktive Verhalten. Er betet, dass sie ein tieferes Bewusstsein erlangen, liebenswerte Menschen zu sein, dass sie sich frei und sicher fühlen, geistlich und seelisch zu wachsen. Er betet, dass sie Heilung für den Namen „Vater" erhalten. Er betet, dass jede Narbe und Wunde in ihrer Seele, die mit dem Namen „Vater" zusammenhängt, durch die sanfte Gewissheit ersetzt wird, dass Jesus da war und sie die ganze Zeit geliebt hat. *„Dann wirst du auch das Ungemach vergessen, du denkst daran wie an Wasser, das verlief."* (Ijob 11,16).

Er betet, dass unser himmlischer Vater seine Liebe tief in ihr Herz atmet, dass seine Liebe ihre Gefühle von Trauer und Schuld und Scham und Wut und Angst anrührt. Er betet, dass seine Liebe lähmende Erinnerungen an einen Vater, der sie missbraucht hat, der abwesend war, der

Inzest betrieb, der verurteilend, kritisch, unwirsch oder lieblos war, und alle anderen negativen Erfahrungen heilt.

Er betet um eine tiefe Heilung ihrer Gedanken, um den Mut, aufzustehen und Verantwortung für ihr Leben zu übernehmen und von einem als Opfer ihrer Umstände zu einem Leben im Sieg Jesu überzuwechseln. Er betet um Wachstum ihres Vertrauens und um innere Kraft, um Schutz vor Schaden und um die Freiheit, das Leben voll zu genießen. Es ist ein machtvolles Gebet mit tiefer heilender Wirkung. *„... Ich bin gekommen, damit sie das Leben haben und es in Fülle haben."* (Joh 10,10)

Positives Feedback

Nachdem auf dieser Konferenz ein männlicher Vertreter der Gemeinde den Vater-Segen gegeben hatte, erhielt ich den Brief einer überglücklichen Teilnehmerin, in dem stand: „Durch diese Konferenz ermutigt, begann ich, in meiner Familie zu sagen: Gott segne dich. Zuerst murmelten sie irgendwas zurück, später sagten sie: Dich auch. Jetzt sagen sie: Gott segne dich. Das ist für uns alle ein Fortschritt!"

Auf derselben Konferenz waren drei Generationen einer Familie anwesend, sogar der 80jährige Großvater. Nach dem Segen beim Samstagabend-Heilungsgottesdienst versammelten sich auf die Bitte einer Tochter hin die fünf Familienmitglieder in einem Nebenraum, um den Segen des Vaters zu empfangen. Unter ihrer Anleitung stellte er sich vor seine Familie, hob seine Hand und sprach den Segen über sie. Das war ein unvergleichliches Erlebnis für diese Familie und berührte sie sehr. Indem sie ihren Vater um seinen Segen baten, ehrten sie ihn und ermutigten ihn, eine wichtige Position als geistlicher Leiter in der Familie einzunehmen. Andere Konferenzteilnehmer, die von diesem väterlichen Familiensegen hörten, waren selbst zutiefst angerührt. Manche waren zu Tränen gerührt.

Gewinn für den „Vater", der den Segen erteilt

„... wer andere labt, wird selbst gelabt." (Spr 11, 25)

Wenn wir auf Konferenzen Männer bitten, den Vater-Segen zu erteilen, entdecken wir dabei zusätzliche Gnaden. Die Männer, die den Segen geben, werden wahrscheinlich genauso geheilt wie die Empfänger. Durch das Segnen anderer, können Männer zu einem besseren Verständnis ihrer Identität in Christus gelangen. Sie lernen auch ihr männliches Erbe tiefer begreifen und bekommen ein klareres Bild von einer Männlichkeit, die Mut mit Erbarmen verbindet – der starke Leiter und der zärtliche Liebhaber, etc.

Sie beginnen auch zu Hause, eine gesündere Vaterrolle einzunehmen, so dass ihre wachsende geistliche Leiterschaft Sicherheit und Ordnung in die Familienstruktur bringt. Es fällt ihnen dann meist leichter, ihre Kinder zum himmlischen Vater zu führen und ihnen in der Entfaltung dieser Beziehung zu helfen. Durch das Erteilen des Vater-Segens wird ihnen oft ihr starkes Potential bewusst, das sie als geistlicher Leiter für Jungen und Männer haben, die in die Vaterschaft hineinwachsen; und sie können auch ein Vorbild für Mädchen und Frauen sein, die gottesfürchtige Väter beobachten und erleben müssen.

Richard fühlte sich in drei Bereichen gestärkt, nachdem er einen Auszug aus diesem Buch gelesen hatte: Erstens half es ihm, die Liebe seines himmlischen Vaters zu spüren. Zweitens war ihm nun bewusst, dass er den Segen, den sein Vater ihm vor seinem Tod (unausgesprochen) gegeben hatte, für sich beanspruchen konnte. Drittens fühlte er sich endlich bereit, seinen acht erwachsenen Kindern den Segen zu erteilen. Darüber hinaus sagte Richard, war Psalm 23, der ja als Grundlage für unser Gebet dient, eine seiner Lieblingsschriftstellen, die ihn mit 19 Jahren beim Tode seines Vaters „durch stürmische Wasser führte".

Gebet für den Beter

„… vom Heiligen Geist getrieben haben Menschen im Auftrag Gottes geredet." (2 Petr 1,21)

„Himmlischer Vater, wir bitten um eine besondere Salbung für den Vater, der den Segen betet. Schütte durch seine Worte Deine Liebe und heilende Macht aus. Lass sie Deine Absichten beim Geber und beim Empfänger erfüllen. Lass den Mann, der den Segen spricht, zutiefst an seine eigenen Worte glauben. Liebender Vater, bereite ihn vor, ein offener Kanal für Deine heilende Gnade zu sein. Gib ihm Deine Worte. Lass die geschriebenen Gebete einfach ein Sprungbrett für spontanen Segen sein. Wenn er Heilung in seinem Vatersein braucht, lass diese in ihm beginnen, während

er für die anderen betet. Danke für die Macht des Heiligen Geistes, der ihn jetzt im Innersten berührt, heilt und salbt. Lass ihn aus Deinem Herzen sprechen und vom Heiligen Geist geführt werden, damit die tiefen Vaterwunden der Menschen geheilt werden. Wir beten in Jesu Namen. Amen."

„Meine Botschaft und Verkündigung war nicht Überredung durch gewandte und kluge Worte, sondern war mit dem Erweis von Geist und Kraft verbunden, damit sich euer Glaube nicht auf Menschenweisheit stützte, sondern auf die Kraft Gottes." (1 Kor 2,4-5).

II. Vorbereitung auf den Segen

Eine Lektion von Bartimäus und meiner Mutter

In der Geschichte von Bartimäus, dem blinden Bettler, der sein Augenlicht wieder erlangte, wird erzählt, wie Jesus ihn fragte: *„Was willst du, dass ich für dich tue?"* Er antwortete aus tiefstem Herzen: „Herr, ich will sehen" (Lk 18,41). Vielleicht ist es das, was auch du willst. Du möchtest durch den Segen die Güte der Menschen sehen, deine eigene Güte sehen. Du möchtest das Leben durch Augen der Liebe sehen, anstatt durch Augen der Furcht. Du möchtest den Herrn bitten, dir die verborgenen Segnungen in deinem Leben zu zeigen.

An einem Tiefpunkt im Leben meiner Mutter, stellte der Herr ihr eine ähnliche Frage. Nach über 40 Jahren Ehe war Dad mit einer anderen Frau davongelaufen und Mom musste sich mit der Frage auseinandersetzen, was sie mit ihrem Leben anfangen wollte. Eines Tages fragte der Herr sie: „Elizabeth, was MÖCHTEST DU WIRK-LICH?". Nach langem Nachdenken antwortete sie: „Herr, ich möchte *wirklich* die Ehe." Er antwortete lie-bevoll: „Charly zu lieben ist auch, was ich für dich möch-te." Darauf legte sie diese große Sehnsucht am Fuß des Kreuzes nieder und vertraute sie Ihm an. Sehr bald kam mein Vater zurück und bekehrte sich – wahrscheinlich wegen ihrer selbstlosen Liebe, die sie nach Galater 2,19-20 gelebt hatte: *„Ich bin mit Christus gekreuzigt worden; nicht mehr ich lebe, sondern Christus lebt in mir."* Sie hatte gelernt, dass sie in ihrer Schwachheit beiseite treten konnte, damit der Herr ihrem Mann die Gnade der Vergebung und seinen Segen zukommen lassen konnte. Tag um Tag lernte sie so, stärker darauf zu vertrauen, dass der Herr ihre Gefühle verändern konnte. Elizabeth und Charlie feierten mehr als 50 Ehejahre, bevor er starb. Bei seiner Beerdigung sagte sie zum Herrn: „Danke, dass Du mir gezeigt hast, wie ich Deine Liebe leben soll." Seine Liebe zu leben bedeutet, ein Leben des Segens zu leben.

Was möchtest DU wirklich?

„Freu dich innig am Herrn! Dann gibt er dir, was dein Herz begehrt." (Ps 37,4)

Zur Vorbereitung auf den Vater-Segen stelle ich dir folgende Frage: Was wünschst du dir wirklich vom Herrn durch diesen Segen? Manchmal wissen wir ehrlich nicht, was wir wollen, und müssen den Herrn bitten, es uns zu zeigen. Einmal stöberte ich in Jerusalem durch die Souvenirläden auf der Suche nach einem Erinnerungsstück, aber nichts schien das Richtige zu sein. Als ich schon völlig frustriert war, wandte ich mich an den Herrn und sagte: „Bitte finde Du doch etwas für mich, das ich wirklich will." Ein paar Augenblicke später trat ich in einen kleinen Laden mit Tonwaren und handgeblasenem Glas. Ein Stück aus türkisfarbenem Glas zog mich an. Ich nahm es beinahe ehrfürchtig in die Hand, drehte es um und entdeckte auf der Rückseite ein kleines schwarzgoldenes Etikett, auf dem „Hebron Glas" gedruckt stand. Hebron – eine antike Stadt südlich von Jerusalem, in der im Alten Testament die Patriarchen begraben wurden – war der eine Ort, den ich hatte besuchen wollen, aber es war mir nicht möglich gewesen. Und während ich dieses türkisfarbene Glas in der Hand hielt, trug mich der Herr auf eine Art, die ich nicht erklären kann, im Herzen nach Hebron.

Denke über deinen Herzenswunsch nach; und wenn du nicht wirklich weißt, was du dir von dem Segen erhoffst, bitte den Herrn, es dir zu zeigen.

Eine Frage des Vertrauens

„Mit ganzem Herzen vertrau auf den Herrn, bau nicht auf eigene Klugheit." (Spr 3,5)

Jesus kennt unser Innerstes und möchte, dass wir auch sein Innerstes kennen. Nähe braucht Vertrauen und er möchte, dass wir ihm vertrauen. Jemandem zu vertrauen bedeutet, sich ganz auf seinen Charakter, seine Fähigkeiten und seine Aufrichtigkeit zu verlassen. Wir haben Zutrauen zu dieser Person; wir wissen, sie ist vertrauenswürdig; wir machen uns von ihr abhängig. Im Psalm 125,1 steht:

„Wer auf den Herrn vertraut, steht fest wie der Zionsberg, der niemals wankt, der ewig bleibt."

Dann sagt der Herr in Jesaja 26,3: *„Du schenkst ihm Ruhe und Frieden; denn es verlässt sich auf dich."*

Der Vater-Segen wird in der Form von Psalm 23 gesprochen, denn in diesem Psalm geht es um Vertrauen. Mit diesem Psalm möchte der Herr uns überzeugen, dass er uns liebt und dass wir ihm vertrauen können. Er möchte, dass wir wissen, dass er uns so liebt, wie wir sind, egal, was wir getan haben. Er hat uns schon geliebt, bevor wir geboren wurden, und er liebt uns auch jetzt und wird uns weiter lieben, egal, was wir tun. Er weiß, wenn wir uns sicher sind, dass er uns liebt, dann können wir ihm auch vertrauen; und wenn wir ihm vertrauen können, dann vertrauen wir ihm auch unser Leben an und alles, was uns wertvoll ist. Wir werden anfangen, tief im Herzen zu begreifen, was es heißt, dass Gott unser Vater ist.

Ich bete, dass, wie auch immer deine „Vater-Erfahrung" bisher ausgesehen hat, der Heilige Geist tief in dein Herz das Wissen einpflanzt, dass Gott ein liebender Vater ist, der dich zu einem zutiefst zufriedenstellenden Leben befreien will. Die Wahrheit seiner befreienden Liebe kann nur durch Gnade kommen; und ich bete, dass diese Gnade jetzt zu dir kommt. Ich bete, dass du erkennst, dass er dich tief, vollkommen und bedingungs- los liebt; und dass du ihm dein Leben anvertrauen kannst. Möchtest du das im Glauben annehmen? Das Verstehen kommt normalerweise, nachdem wir einen großen Glaubensschritt nach vorne getan haben. Sag: „Ich möchte mit ganzem Herzen glauben, dass Du ein liebender Vater bist, dass Du mich wirklich liebst. Ich setze mein Vertrauen auf Dich."

Den Segen empfangen

„Auf guten Boden ist der Samen bei dem gesät, der das Wort hört und es auch versteht; er bringt dann Frucht, hundertfach oder sechzigfach oder dreißigfach." (Mt 13,23)

Segen zu empfangen heißt, seine Hände auszustrecken und ihn zu ergreifen, einzunehmen, zu ernten, willkommen zu heißen, ihm Einlass zu gewähren. Es ist, wie wenn man ein verpacktes Geschenk bekommt, es öffnet und „Danke" sagt. Hast du nicht bereits (vielleicht mehrere Male) Jesus gebeten, in dein Herz zu kommen und dein Retter und Herr zu sein? Du hast ihn aufgenommen und tust das immer wieder, und so hat sich dein Leben grundlegend verändert. Erinnere dich, wie du ihn aufgenommen hast. Ganz ähnlich nimmst du auch den Segen von ihm an. Du kannst sagen: „Ich nehme dieses Geschenk an, diesen Segen. Ich lasse ihn in mich hineinkommen, damit er mich heilt und verändert."

Egal ob du den Vater-Segen allein im Gebet oder durch das Gebet einer anderen Person empfängst, nimm ihn an aus dem Herzen deines liebevollen himmlischen Vaters, dessen Macht größer ist als irgendeine Macht, die dich unterdrückt; dessen Liebe größer ist als deine Furcht, dessen Vorrat größer ist als dein Bedarf. Nimm ihn an von deinem liebenden Vater, durch Jesus, durch das Wirken des Heiligen Geistes, der die Liebe Gottes in unsere Herzen ausgießt.

„Die Hoffnung aber lässt nicht zugrunde gehen; denn die Liebe Gottes ist ausgegossen in unsere Herzen durch den Heiligen Geist, der uns gegeben ist." (Röm 5,5). Nimm den Segen mehr als einmal und auf verschiedenen Ebenen an.

Nimm den Segen von einem Gott an, der dich im Innersten kennt. Denk über die Worte aus Psalm 139 nach: *„Herr, du hast mich erforscht und du kennst mich. Ob ich sitze oder stehe, du weißt von mir. Von fern erkennst du meine Gedanken. Ob ich gehe oder ruhe, es ist dir bekannt; du bist vertraut mit all meinen Wegen ... Denn du hast mein Inneres geschaffen, mich gewoben im Schoß meiner Mutter. Ich danke dir, dass du mich so wunderbar gestaltet hast ..."* (Ps 139,1-3; 13-14)

Komm einfach zu Jesus

„Ich bin der Weg und die Wahrheit und das Leben; niemand kommt zum Vater außer durch mich. Wenn ihr mich erkannt habt, werdet ihr auch meinen Vater erkennen ... Wer mich gesehen hat, hat den Vater gesehen." (Joh 14, 6-7; 9)

Du sagst vielleicht: „Aber ich bin doch nicht wunderbar gestaltet"; „Ich bin zerbrochen, krank und hässlich"; „Ich bin falsche Wege gegangen"; „Ich habe anderen Menschen wehgetan"; „Ich bin zornig"; „Ich bin unverantwortlich"; „Niemand mag mich". Du hast vielleicht eine ganze Litanei voller Versagensängste und Ausreden, die du dem Herrn präsentieren kannst, aber er wird dich und deine Argumente zum Schweigen bringen, indem er sagt: „Keines meiner Kinder ist hässlich. Ich bin ein Gott des Heiles, also komm. Komm einfach. Gib das alles mir. Ich bin die Antwort, die du brauchst. Lass mich dir vergeben. Lass mich dich lieben. Ich habe dich geschaffen, um dich zu lieben."

Er erinnert dich an Jesaja 53,4-5: *„Aber er hat unsere Krankheit getragen und unsere Schmerzen auf sich*

geladen ... er wurde durchbohrt wegen unserer Ver-
brechen, wegen unserer Sünden zermalmt. Zu unserem
Heil lag die Strafe auf ihm, durch seine Wunden sind
wir geheilt." Gott hat uns durch Jesus von Sünde,
Versagen und Hässlichkeit erlöst. Jesus hat Sünde,
Versagen und Hässlichkeit auf sich genommen. Er tat das,
damit wir vor dem himmlischen Vater bestehen können.
Gott wurde Mensch und ermöglichte uns so die
Verwirklichung unseres Potentials; nun können wir durch
seine Liebe zur Ganzheit gelangen. Alles was er von uns
will ist, dass wir Ja sagen und an seinen wunderbaren
Plänen für unser Leben mitarbeiten.

Bei der Taufe Jesu am Jordan sprach Gott, der Vater, folgende Worte: *„Du bist mein geliebter Sohn, an dir habe
ich Gefallen gefunden."* (Lk 3,22).

Zu dir sagt er: „Du bist mein geliebtes Kind, an dir habe
ich Gefallen gefunden." Nimm diesen Segen jetzt an.
Lass die Worte in deine Seele eindringen. Öffne einfach
dein Herz und lass sie dort wirken, wo du diese Art von
Liebe noch nie bekommen oder sie nicht zugelassen hast.

Er hält und segnet dich

*„Wie ein Hirt führt er seine Herde zur Weide, er sam-
melt sie mit starker Hand. Die Lämmer trägt er auf dem
Arm, die Mutterschafe führt er behutsam."* (Jes 40,11)

Entscheide dich dafür zu glauben, dass er jetzt vor dir
steht und seine Hände väterlich segnend auf dein Haupt
legt. Oder stell dir vor, er hält dich in seinen Armen, wie

ein Hirte ein kleines Lamm hält, oder wie ein Vater ein kleines Kind hält. Während er dich so hält, spricht er wie im Psalm 23 den Segen in dein Leben, so, als wäre der Psalm direkt und persönlich an dich gerichtet. Sag ihm jetzt in der Geborgenheit seiner Arme: „Herr, ich empfange."

III. Das Segensgebet eines Vaters
Psalm 23

„Der Gott Jesu Christi, unseres Herrn, der Vater der Herrlichkeit, gebe euch den Geist der Weisheit und Offenbarung, damit ihr ihn erkennt. Er erleuchte die Augen eures Herzens, damit ihr versteht, zu welcher Hoffnung ihr durch ihn berufen seid, welchen Reichtum die Herrlichkeit seines Erbes den Heiligen schenkt und wie überragend groß seine Macht sich an uns, den Gläubigen, erweist durch das Wirken seiner Kraft und Stärke." (Eph 1,17-19)

Der Herr ist dein Hirte

„Ich bin der gute Hirt. Der gute Hirt gibt sein Leben hin für die Schafe." (Joh 10,11)

Jesus, der Gute Hirte, gab in liebendem Gehorsam zum Vater sein Leben für dich hin. Deine Antwort auf diese Liebe gibt dir das Recht, Gott deinen Vater zu nennen. Steh dazu, dass du ihn brauchst und sag ihm aus ganzem Herzen: „Ja, ich möchte, dass Du mein Retter und Herr, dass du der Hirte meiner Seele bist." So hast du dich Generationen von Männern, Frauen und Kindern angeschlossen, die gesagt haben: „Jesus, ich glaube an Dich. Ich nehme Dich an als meinen Retter und Herrn."

Schau auf Jesus, deinen Hirten, und auf deinen himmlischen Vater, den Oberhirten. Entdecke die wundervolle

Vaterschaft Gottes durch deine wachsende Freundschaft mit Jesus. Du kannst ihm dein Leben anvertrauen. Begreife, dass dich nichts von seiner Liebe trennen kann.

Jesus, die ausgegossene Liebe des Vaters, gibt dir all die Liebe, die du für dich und andere brauchst. Von seiner Liebe erfüllt wirst du fähig, dich von allem abzuwenden, was dich von ihm trennt. Bereue deine Sünden und sag ihm das. Erkenne, dass nichts wichtiger ist, als mit ihm zu leben, und dass die Trennung von ihm in Dunkelheit und Leid führt. Erfahre seine Vergebung und vergib dir selber.

Jesus, der Täufer im Heiligen Geist, gieße seinen Geist in Überfülle auf dich aus. Du sollst nun die Liebe und Macht seines Geistes spüren, wenn er durch alle Bereiche deines Wesens hindurchströmt. Du sollst dich nach dem Wirken des Geistes in deinem Leben sehnen und ihm die Freiheit geben, alles zu tun, was er will.

_____

(Bitte den Herrn, dir seine Worte zu geben).

Jesus, der Geliebte Sohn des Vaters, gibt sein Leben für dich hin. Seine Gegenwart soll dir helfen, in deinem Herzen das Richtige anzunehmen, dich gewollt und voll zugehörig zu fühlen. Lass dich vom Heiligen Geist im tiefsten Inneren näher zum Vater, Abba, Papa ziehen. Entspanne dich in den Armen deines Hirten und vertraue seiner Liebe. Lerne die Liebe deines Vaters kennen, an sie glauben und auf sie vertrauen.

„Denn Gott hat die Welt so sehr geliebt, dass er seinen einzigen Sohn hingab, damit jeder, der an ihn glaubt,

nicht zugrunde geht, sondern das ewige Leben hat."
(Joh 3,16)

„... sandte Gott den Geist seines Sohnes in unser Herz, den Geist, der ruft: Abba, Vater. Daher bist du ... Sohn; bist du aber Sohn, dann auch Erbe, Erbe durch Gott."
(Gal 4,6-7)

„Darum hat ihn Gott über alle erhöht und ihm den Namen verliehen, der größer ist als alle Namen, damit alle im Himmel, auf der Erde und unter der Erde ihre Knie beugen vor dem Namen Jesu und jeder Mund bekennt: „Jesus Christus ist der Herr" – zur Ehre Gottes, des Vaters." (Phil 2,9-11)

(2 Kor 5,17; Kol 1,12; 2 Kor 9,15; Röm 8,39; Joh 10,14-15; Röm 10,12; 1 Joh 4,13; 2 Kor 3,17; Heb 2,13; Röm 8,16; 1 Joh 1,3; Ps 2,7)

Nichts wird dir fehlen

„Mein Gott aber wird euch durch Christus Jesus alles, was ihr nötig habt, aus dem Reichtum seiner Herrlichkeit schenken." (Phil 4,19)

Jesus, der Schatz des Vaters, kennt unsere tiefsten Bedürfnisse und kümmert sich um sie. In ihm wird dir nichts fehlen. Er ist deine Quelle in jeder Not, dein Versorger für jeden Mangel. Du kannst ihn als Antwort auf jede Frage kennenlernen, als Lösung für jede schwierige Situation. Du kannst in allem, was du für deine Arbeit, Freizeit, Beziehungen, für jeden Aspekt des Lebens brauchst, auf

Jesus schauen. Jesus, das sichtbare Abbild Gottes des Vaters, ist deine Weisheit in der Verworrenheit des Lebens, dein Licht in der Finsternis, deine Zuflucht in der Versuchung, dein zuverlässiger Versorger, dein tägliches Brot. Du kannst ihm vertrauen, wenn es um deine Gesundheit, Finanzen, Familie, Freundschaften, deine Zukunft geht. Werde so vollkommen eins mit ihm, dass deine automatische Reaktion auf jede neue Herausforderung die einfache Frage ist: „Jesus, wie soll ich darauf reagieren?", „Wie soll ich mich dazu stellen?". Die Worte „Jesus, ich vertraue auf Dich", sollen deine Antwort auf jede Notsituation sein.

(Bitte den Herrn um seine Worte).

Sein Wesen und sein Charakter sollen in dir Gestalt annehmen, wenn du ihm in den alltäglichen Bedürfnissen vertraust. Du sollst ihn in jedem Augenblick erkennen und unter allen Umständen auf ihn vertrauen. Vergiss nie, dass du zu ihm gehörst und dass es seine Aufgabe ist, sich um dich zu kümmern. Lerne die Liebe deines Vaters kennen, an sie glauben und auf sie vertrauen.

„Ich bin das Brot des Lebens; wer zu mir kommt, wird nie mehr hungern, und wer an mich glaubt, wird nie mehr Durst haben." (Joh 6,35)

„Der Gott des Friedens ... (der) erhabene Hirte seiner Schafe ..., er mache euch tüchtig in allem Guten, damit ihr seinen Willen tut. Er bewirke in uns, was ihm gefällt, durch Jesus Christus, dem die Ehre sei in alle Ewigkeit." (Hebr 13,20-21)

*„In seiner Macht kann Gott alle Gaben über euch aus-
schütten, sodass euch allezeit in allem alles Nötige
ausreichend zur Verfügung steht und ihr noch genug
habt, um allen Gutes zu tun ...“* (2 Kor 9,8)

(Ps 147,14; Jes 40,31; Mt 14,20; Mt 6,26; Lk 12,12; Phil
4,13; Mt 6,32; 1 Kor 2,9; Mt 7,7-11)

Er lässt dich lagern auf grünen Auen

*„Der Herr, dein Gott, ist in deiner Mitte, ein Held, der
Rettung bringt. Er freut sich und jubelt über dich, er
erneuert seine Liebe zu dir.“* (Zef 3,17)

Jesus, der die Zärtlichkeit des Vaters offenbart, liebt dich
gerade jetzt. Höre seine Liebesworte in deiner Seele
hören und spüre, wie er dich in den Armen deines Papas
wiegt. Er erweckt das kleine Kind in dir zu neuem Leben.
Das Herz Jesu, das sein kostbares Blut in deine Adern
pumpt, lässt sein Leben in dich hineinfließen. Lass es zu.
Nimm es auf. Möge diese Transfusion den Abfall und
Schutt aus deinem Leben hinausspülen, und damit alles,
was dir Sorgen macht, alle zerbrochenen Einzelteile deines Lebens, alles, was dich stört, aufwühlt und verwirrt.
Sein kostbares Blut, das nun in deinen Adern fließt,
schenke dir das Vertrauen, dass Gott das Chaos beherrscht.
In ihm findest du Ausgeglichenheit und Ordnung.

Jesus ist dein Zufluchtsort. Nun musst du nicht mehr selber stark und unabhängig sein. Erkenne, dass deine Ab-
hängigkeit von ihm ein Zeichen von Reife und nicht von
Schwäche ist. Öffne dich ihm und gestehe deine Not ein,

so wie ein vertrauensvolles Kind, das weiß, dass es nichts darstellen oder stark sein oder Recht haben muss. Du musst weiter nichts tun, als dich einfach nur ihm hinzugeben.

Entspanne dich und nimm sein Leben in dich auf. Fühl dich wohl in seiner Liebe und mit seiner Art, an dir zu handeln. Fühl dich auch bei dir selber wohl, so wie du bist. Lerne in der tiefen Stille seines Herzens, dich selber bis zum innersten Kern deines Wesens anzunehmen.

Halt still im Innersten seines Herzens und lausche seiner Symphonie der Liebe. Lass dein Herz sich auf seinen Rhythmus einschwingen. Sogar jetzt ist er dir Vater, nährt dich und flößt dir sein Leben ein. Entspanne dich und genieße seine warme elterliche Liebe.

Der Herr, der der Friede unseres Vaters ist, segne dich mit einem tiefen, stärkenden Frieden, wenn du mit ihm auf den frischen grünen Weiden seiner Liebe zusammen bist. Denke voll Dankbarkeit daran, dass dein Leben Gott gehört. Lerne die Liebe deines Vaters kennen, an sie glauben und auf sie vertrauen.

„Kommt alle zu mir, die ihr euch plagt und schwere Lasten zu tragen habt. Ich werde euch Ruhe verschaffen. Nehmt mein Joch auf euch und lernt von mir; denn ich bin gütig und von Herzen demütig; so werdet ihr Ruhe finden für eure Seele." (Mt 11,28-29)

„Der Herr gebe Kraft seinem Volk. Der Herr segne sein Volk mit Frieden." (Ps 29,11)

„Nicht durch Macht, nicht durch Kraft, allein durch meinen Geist! – spricht der Herr der Heere" (Sach 4,6)

(Koh 3,24; 2 Chr 20,12; Joh 14,27; Jer 10,23; 2 Kor 6,18; Ps 89,27; Ps 62,1; Ps 91,1)

Und führt dich zum Ruheplatz am Wasser

„Ich unterweise dich und zeige dir den Weg, den du gehen sollst. Ich will dir raten; über dir wacht mein Auge." (Ps 32,8)

Jesus, der geliebte Lehrer, vom Vater gesandt, ist die Weisheit deines Lebens. Er geht mit dir, spricht mit dir und lädt dich ein, dich aufzumachen und Frucht zu bringen. Jesus, der deinen freien Willen respektiert, geht als vertrauter Freund mit dir. Hör ihm aufmerksam zu und rede frei und offen mit ihm über alles, was dich bewegt. Jesus, unser wunderbarer Ratgeber, hilft dir, das Leben klarer zu sehen – wo du stehst und wohin du gehst. Er hilft dir, deine Gedanken und Gefühle auszurichten. Er hilft dir, dich selbst kennenzulernen. Vertraue ihm mit all den verborgenen Winkeln deines Herzens. Erkenne, dass du für Jesus in deiner Einzigartigkeit wichtig bist. Nimm deine Verantwortung Gott gegenüber wahr, mit dem Heiligen Geist zusammenzuarbeiten, damit Gottes Plan für dein Leben verwirklicht werden kann.

Jesus, das lebendige Wort, soll dir helfen, versteckte innere Schwüre aufzuspüren und zurückzunehmen, wie z.B. dass du niemals wieder lieben, nie wieder jemandem ver-

trauen oder nie mehr jemanden zu nahe an dich heran-
kommen lassen wirst. Gib ihm die Erlaubnis, vergrabene
Gefühle aufzudecken und Erinnerungen ans Licht zu
bringen, die dich gefangenhalten. In all deiner Enttäuschung,
Schwachheit und in deinem Versagen sag einfach: „Jesus,
ich setze mein Vertrauen auf Dich." Er segne dich mit
einem lernbereiten Geist.

Vertraue ihm mit deinem Zorn, deiner Frustration und
allen deinen Gefühlen. Vertraue ihm, dass er dein
Gefühlsleben heilt, wenn du ihm dein Herz öffnest.
Lerne, wie du Gefühle auf gesunde Art und Weise äußern
kannst. _____

Jesus, der dich liebt und sich um alle deine Bedürfnisse
kümmert, gibt dir Einsicht in das, was sich in deinem
Inneren abspielt, was dich bewegt und warum. Er gebe
dir die Weisheit und Feinfühligkeit des Vaters für deine
Lebenskämpfe, Enttäuschungen, unerfüllten Erwartungen und alle unausgesprochenen, nicht artikulierten
Ansprüche. Bring ihm alle Gedanken und Sorgen und
sag einmal mehr: „Jesus, ich vertraue Dir." Lerne die
Liebe deines Vaters kennen, an sie glauben und auf sie
vertrauen.

„… *deine Ohren werden es hören, wenn er dir nach-
ruft: Hier ist der Weg, auf ihm müsst ihr gehen, auch
wenn ihr selbst rechts oder links gehen wolltet.*"
(Jes 30,21)

„*Auch dies lehrt der Herr der Heere; sein Rat ist wunderbar, er schenkt großen Erfolg.*" (Jes 28,29)

„Ich bin der Herr, dein Gott, der dich lehrt, was Nutzen bringt, und der dich auf den Weg führt, den du gehen sollst." (Jes 48,17)

(Kol 3,16; Jes 43,1; Ps 107,29; Jes 49,10; Röm 8,14; Ps 68,5-6; Ps 143,10; Ps 25,5)

Er stillt dein Verlangen

„Der Gott aller Gnade ... wird euch ... wieder aufrichten, stärken, kräftigen und auf festen Grund stellen." (1 Petr 5,10)

Jesus, die Auferstehung und das Leben, heißt dich in der Familie des Vaters willkommen und beginnt behutsam mit dem Werk deiner Wiederherstellung. Durch die Macht des Heiligen Geistes wirst du Stück für Stück nach seinem Bild verändert. Jesus ist deine Wiederherstellung. Nimm die Ganzheit an, die er dir heute anbietet. Jesus, dein Heiler, schenke dir ein großes Verlangen nach körperlicher, seelischer und geistiger Ganzheit. Vertraue ihm diesen Prozess an. Spüre das Leben Jesu in jeder Zelle deines Körpers – in Verstand, Gefühl, Aktion und Reaktion. Er vertreibe alle Krankheiten aus Körper, Seele und Geist. Er ist der Balsam vom Gilead, die Medizin für deine Seele.

Erfahre die Macht seiner Auferstehung, die Gefängnistore öffnet, Ketten sprengt, Dämonen austreibt, Speisen vermehrt, den Sturm besänftigt, auf Wasser geht und Tote zum Leben erweckt. Erkenne, dass mit deinem liebevollen himmlischen Vater nichts unmöglich ist.

Vertraue seiner Freundlichkeit und seinem Verständnis, die dir Raum zum Wachsen geben, die dich ermutigen, zu wachsen, zu lernen, zu denken und zu fühlen. Glaube an sein Mitleid, das Fehler „Chancen zum Wachstum" nennt. Erlebe ihn als Gott der zweiten, dritten und vierten Chancen. Der Heilige Geist atmet neue Hoffnung in die tiefsten und größten Wunden deines Lebens. Die Stelle, die am meisten schmerzt, soll ausrufen: „Jesus, ich vertraue Dir."

Als Kind, dem der Vater vergeben hat, sollst du denen vergeben, die dir das Leben schwer machen. Die Vergebung Jesu fließt aus der Gnade des Kreuzes durch dich hindurch zu denen, die dich verletzen. Lass es zu. Denke daran, wie Jesus Menschen zusammengebracht, zur Vergebung und Versöhnung geführt hat. Dieser gleiche Geist soll in dir sein. Wage es, dich zu öffnen und dich anderen mitzuteilen.

Du spürst eine starke Verbindung mit deinem himmlischen Vater, und durch ihn eine ebenso tiefe Verbindung zu Schwestern und Brüdern in Christus. Diese tiefen Verbindungen werden Heilung und Stabilität in dein Leben bringen. Werde offen für deine Familie und mit ihr verbunden, und bleibe in einer Gebetsgemeinschaft verwurzelt. Die Verletzungen aus der Vergangenheit werden in der Liebe Jesu geheilt.

Jesus, der das Leben ist, gießt sein Leben jetzt in dich aus, damit es dein Leben wird. Lerne die Liebe deines Vaters kennen, an sie glauben und auf sie vertrauen.

„Der Gott aller Gnade aber, der euch in Christus zu seiner ewigen Herrlichkeit berufen hat, wird euch, die ihr kurze Zeit leiden müsst, wiederaufrichten, stärken, kräftigen und auf festen Grund stellen." (1 Petr 5,10)

„Weder Tod noch Leben, weder Engel noch Mächte, weder Gegenwärtiges noch Zukünftiges, weder Gewalten der Höhe oder Tiefe noch irgendeine andere Kreatur können uns scheiden von der Liebe Gottes, die in Christus Jesus ist, unserem Herrn." (Röm 8,38-39)

„Leben und Tod lege ich dir vor, Segen und Fluch. Wähle also das Leben, damit du lebst, du und deine Nachkommen. Liebe den Herrn, deinen Gott, hör auf seine Stimme und halte dich an ihm fest; denn er ist dein Leben." (Dtn 30,19-20)

(Röm 8,11; Dtn 32,10; Ijob 11,18; Kol 1,27; Röm 8,11; Jes 4,8; Mt 6,14; 1 Joh 3, 1-2)

Er leitet dich auf rechten Pfaden, treu seinem Namen

„Gepriesen sei der Gott und Vater unseres Herrn Jesus Christus: Er hat uns mit allem Segen seines Geistes gesegnet durch unsere Gemeinschaft mit Christus im Himmel. Denn in ihm hat er uns erwählt vor der Erschaffung der Welt, damit wir heilig und untadelig leben vor Gott." (Eph 1,3-4)

Jesus, der große Liebhaber der Menschen, führt dich in die Gegenwart des Vaters und setzt dich auf dessen Schoß. Gott, der Vater, Abba, Papa, nimmt die Rolle der

Eltern, des Vaters ein und füllt den Platz in deiner Seele, der ihm allein gehört. Dieses Angenommensein in ihm und seine bedingungslose Liebe verleihen dir lebensspendende Energie und geben dir ganz tief drinnen das Gefühl, dass alles gut ist. Während seine Liebe dein ganzes Wesen durchdringt, werden deine Füße auf den festen Felsen seiner Gerechtigkeit gestellt.

Jesus, die Quelle allen Heiles, zieht dich mit Fesseln der Liebe in sein geheiligtes Leben. Seine zärtliche, bedingungslose Liebe verbrenne in deinem Herzen jeden Rest an Ungeliebtsein und das Gefühl, nicht liebenswert zu sein. Jesus, das Licht deiner Seele, soll heimlichen Ehrgeiz oder Enttäuschung in deinem Herzen offenbaren, die deine Beziehung zu ihm trüben oder dich vom Pfad seiner Liebe abbringen könnten. Du sollst so vertraut mit Jesus sein, und deine Verbindung mit ihm soll so frisch und klar und lebendig sein, dass du automatisch alle Gedanken und Ideen von dir weist, die dich von ihm wegbringen könnten. Dein Herz soll weich und offen werden und so die Schönheit Jesu und den Glanz des Vaters widerspiegeln. Lerne die Liebe deines Vaters kennen, an sie glauben und auf sie vertrauen.

„Erschaffe mir, Gott, ein reines Herz ..." (Ps 51,12)

„Zieht den neuen Menschen an, der nach dem Bild Gottes geschaffen ist in wahrer Gerechtigkeit und Heiligkeit." (Eph 4,24)

„Alles, was für unser Leben und unsere Frömmigkeit gut ist, hat seine göttliche Macht uns geschenkt; sie hat

uns den erkennen lassen, der uns durch seine
Herrlichkeit und Kraft berufen hat. Durch sie wurden
uns die kostbaren und überaus großen Verheißungen
geschenkt, damit ihr der verderblichen Begierde, die in
der Welt herrscht, entflieht und an der göttlichen Natur
Anteil erhaltet." (2 Petr 1,3-4)

(Dtn 12,3; Koh 3,5; Ps 24,3-4; Eph 4,22-24; Mt 25,34;
1Thess 3,13; Phil 1,11; Ps 119,19; Ps 119,11; Eph 5,26;
2 Joh 6; Ps 119,88; Jud 21)

Musst du auch wandern in finsterer Schlucht, du fürchtest kein Unheil; denn er ist bei dir

„Fürchte dich nicht, denn ich bin mit dir." (Jes 43,5)

Jesus, der hellerleuchtete Weg zum Vater, geht mit dir
Hand in Hand durch alle Herausforderungen und
Angriffe. Vertraue ihm als deinem Mut und erfahre ihn
als deine Sicherheit. Jesus, dein Friede in finsterer
Schlucht, erinnert dich daran, dass du jeder Herausforderung ohne Furcht begegnen kannst. Denke daran,
dass dieser Friede durch eure Beziehung kommt. Du
sollst die Kraft seiner Liebe spüren, die alle Angst vertreibt. Wenn du mit der Versuchung der Furcht ringst,
dann strecke dich nach seiner Hand aus und sag: „Jesus,
ich vertraue Dir."

Jesus ist unser Sieg. Die siegreiche rechte Hand des Herrn
leitet dich, der starke Arm des Herrn beschützt dich und
die Weisheit des Herrn führt dich. Jesus mache deine
Füße stark, wie die Füße eines Hirsches, im Tal der

Möglichkeiten und auf deinem Weg hinauf zum Siegesberg. Du sollst laufen und nicht müde werden, und auf Adlersflügeln aufsteigen auf deinem weiteren Weg mit Jesus. Lerne ihn durch diese gemeinsame Zeit im Tal tiefer kennen und vertraue ihm rückhaltloser. Er ist Immanuel, Gott mit uns; er geht niemals fort.

Lerne die Liebe deines Vaters kennen, an sie glauben und auf sie vertrauen.

„Denn ich bin der Herr, dein Gott, der deine rechte Hand ergreift und der zu dir sagt: Fürchte dich nicht, ich werde dir helfen." (Jes 41,13)

„Seht, ich habe euch die Vollmacht gegeben, auf Schlangen und Skorpione zu treten und die ganze Macht des Feindes zu überwinden. Nichts wird euch schaden können." (Lk 10,19)

„Gott ,der Herr, ist meine Kraft. Er macht meine Füße schnell wie die Füße der Hirsche und lässt mich schreiten auf den Höhen." (Hab 3,19)

(Röm 8,37; Jes 41,10; Jes 42,16; Jes 40,31; Kol 1,2; Joh 4,18; 2 Kor 12,9; Ps 91,9-15; 2 Thess 2,16-17)

Sein Stock und sein Stab geben dir Zuversicht

„Ich bin es ja, ja ich, der euch tröstet ..." (Jes 51,12)

Jesus, dein Anwalt, ist hier, um dir zu geben, was du brauchst. Du musst ihn nur darum bitten. Nimm seine

Hilfsbereitschaft in Anspruch und erlebe so sein Verlangen, dich zu trösten und zu schützen, seine Führung und seine Macht zu heilen. Erfahre seine tiefe Identifizierung mit dir und spüre, dass sein Fühlen deine Gefühle und sein Weinen deine Tränen sind. Jesus, Held und Schild, ist deine Sicherheit und gleichzeitig der, der dich zur rechten Zeit aus deinem Nest stößt. Vertraue ihm, wenn er dich über deine Behaglichkeitsgrenze hinausführt. Dein Vertrauen auf Jesus soll dir helfen, deine Flügel auszutesten und neue Horizonte zu erobern. Er lädt dich ein, um mehr zu bitten, dich weit zu machen, dich von ihm für neue Möglichkeiten und Abenteuer vorbereiten zu lassen. Der Stock und der Stab deines Hirten sollen dich aussondern und für einen Liebesdienst zurüsten.

Wie die Schwiegermutter des Petrus geheilt wurde und dann den anderen diente, so soll deine Zeit im Nest, in der heilenden Gegenwart des Hirten, dich auf ein Leben des Dienens vorbereiten. Deine Augen sollen geöffnet und dein Herz geweckt werden für die Not der anderen. Du sollst anfangen, dich ihnen in Liebe zuzuwenden. Ihre Augen sollen durch deine heilende Berührung für die Liebe Gottes geöffnet werden.

Lerne mit ihnen die Liebe deines Vaters kennen, an sie glauben und auf sie vertrauen.

„Der Herr behüte dich vor allem Bösen, er behüte dein Leben. Der Herr behüte dich, wenn du fortgehst und wiederkommst, von nun an bis in Ewigkeit." (Ps 121, 7-8)

„Der Herr festigt die Schritte des Mannes, er hat Gefallen an seinem Weg. Auch wenn er strauchelt, stürzt er nicht hin; denn der Herr hält ihn fest an der Hand." (Ps 37,23-24)

„Gepriesen sei der Gott und Vater Jesu Christi, unseres Herrn, der Vater des Erbarmens und der Gott allen Trostes. Er tröstet uns in all unserer Not, damit auch wir die Kraft haben, alle zu trösten, die in Not sind, durch den Trost, mit dem auch wir von Gott getröstet werden." (2 Kor 1,3-4)

(Ps 91,2; Ps 103,13; Joh 17,11; Ps 115,15; 1 Kor 1,3; Gen 28,15; Ps 121,4; Joh 17,11; 2 Tim 1,12)

Er deckt dir den Tisch vor den Augen deiner Feinde

„In das Weinhaus hat er mich geführt. Sein Zeichen über mir heißt Liebe." (Hld 2,4)

Jesus ist dein Sieg. Er setzt dich an seinen Tisch, lädt dich zu seinem Liebesmahl ein, wo alle deine Feinde dich sehen können. Feiere ein Fest unter dem Banner seiner Liebe, in der Gesellschaft derer, die nicht deine Freunde sind. Erkenne, wie er unter diesen Umständen für dich sorgt.

Begreifen, dass du dich überall entspannen und das Leben genießen kannst, weil Gott die Fäden in der Hand hält. Erinnere dich daran, dass dir keine Waffe, die gegen dich gerichtet ist, etwas anhaben kann. Jesus ist deine Waffenrüstung. Sein Gürtel der Wahrheit schützt dich vor Lügen. Sein Brustpanzer der Gerechtigkeit schützt dich vor Sünde. Seine Schuhe des Friedens schützen dich durch Vergebung. Sein Helm des Heils erinnert dich daran, wer du in ihm bist. Sein Schild des Glaubens erinnert dich daran, dass er die Verantwortung hat. Sein Schwert des Geistes ist sein lebendiges Wort des Schutzes. Beten im Geist schützt dich durch die ständige enge Gemeinschaft mit ihm.

Er zeige dir die Zeiten auf, in denen er dir geholfen, dich getragen hat, dir beistand und in Situationen eingriff, um dir zu helfen. Er war dein sicherer Pfad durch ein Meer von Schwierigkeiten, dein frisches Wasser in der Wüste, dein Schutz vor der Schlinge des Bösen. Er hat Fluch in Segen verwandelt und aus Situationen, die dich sonst vernichtet hätten, noch Gutes hervorgebracht.

Durch den Tisch, den er dir in Gegenwart unliebsamer Gesellschaft bereitet hat, sollst du sehen und erkennen, wie seine mächtige Hand dich schon in der Vergangenheit befreit hat. Er ist der Feuerwall um dich herum, der Mächtige Israels. Lobe seinen heiligen Namen. Dein Herz sei mit Dankbarkeit erfüllt für alles, was er getan hat.

Lerne die Liebe deines Vaters kennen, an sie glauben und auf sie vertrauen.

„Sie laben sich am Reichtum deines Hauses; du tränkst sie mit dem Strom deiner Wonnen." (Ps 36,9)

„Denn ihr habt nicht einen Geist empfangen, der euch zu Sklaven macht, so dass ihr euch immer noch fürch-

ten müsstet, sondern ihr habt den Geist empfangen, der euch zu Söhnen macht, den Geist, in dem wir rufen: Abba, Vater! So bezeugt der Geist selber unserem Geist, dass wir Kinder Gottes sind. Sind wir aber Kinder, dann auch Erben; wir sind Erben Gottes und sind Miterben Christi, wenn wir mit ihm leiden, um mit ihm auch verherrlicht zu werden." (Röm 8,15-17)

„Aus seiner Fülle haben wir alle empfangen, Gnade über Gnade." (Joh 1,16)

Er salbt dein Haupt mit Öl

„Aber ihr werdet die Kraft des Heiligen Geistes empfangen, der auf euch herabkommen wird; und ihr werdet meine Zeugen sein ... bis an die Grenzen der Erde." (Apg 1,8)

Jesus, der Gesalbte, vom Vater ausgesandt, segne dich mit dem Öl seines Geistes. Er weihe dich seinem Dienst und seinen Plänen. Er ist die Liebe und die Macht deines Lebens. Seine Salbung befreie dich zum Dienst an anderen. Er soll deine Stärkung sein, damit du dahin gehst, wohin dich der Vater sendet, und tust, was er dich geheißen hat.

Er salbe deinen Verstand, damit er die Weisheit des Geistes fassen und Dinge unterscheiden kann, die nicht vom Geist sind. Du sollst den Verstand Christi besitzen, seine Gedanken denken, sein Wesen, seine Absichten verstehen und teilen. Er salbe deine Augen, damit sie vom Feuer seiner Liebe brennen, von einer Vision, die

tief und hoch und breit ist und sich auf seine Pläne ausrichtet. Er salbe deine Ohren, damit du voll Hoffnung,
Mitleid und Vegebung zuhören kannst. Er salbe deinen
Mund, damit er Worte des Lebens und der Wahrheit
spricht, die Menschen freisetzt. Er salbe deine Hände,
damit sie seine Liebe und Macht weitergeben, seine
Heilung und befreiende Berührung bringen. Er salbe
deine Füße, damit sie in liebevollem Gehorsam hinaus-
gehen und einer leidenden Welt seine Gute Nachricht
bringen.

Lebe heute und jeden Tag gemäß dem Wesen Jesu Christi
und verneige dich, mit heiliger Macht erfüllt, in Anbetung
vor dem Vater. Erkenne den brennenden Eifer Christi
und schaffe in deinem Leben Raum für die gleiche
Leidenschaft. Der Heilige Geist entzünde ein loderndes
Feuer in deinem Herzen.

Das Öl des Geistes, ein starker und heiliger Strom in dei-
nem Leben, führe dich zu neuen Horizonten des Dienens.
Lebe weiterhin jeden Tag in der Salbung des Heiligen
Geistes.

Lerne die Liebe deines Vaters kennen, an sie glauben und
auf sie vertrauen.

„... *Er wird euch mit dem Heiligen Geist und mit Feuer
taufen.*" (Mt 3,11)

„... *so war es mir, als brenne in meinem Herzen ein
Feuer, eingeschlossen in meinem Innern. Ich quälte
mich, es auszuhalten und konnte nicht ...*" (Jer 20,9)

„… lasst euch vom Geist erfüllen!" (Eph 5,18)

(Sach 4,6; 1 Thess 2,4; 1 Tim 1,14; Joh 1,16; Apg 13,52; 2 Tim 1,6; Mi 3,8; 2 Kor 3,6; 1 Tim 1,12)

Er füllt dir reichlich den Becher

„Umsonst habt ihr empfangen, umsonst sollt ihr geben." (Mt 10,8)

Jesus, das Geschenk des Vaters, ergießt sich in dein Leben wie ein Strom in die Wüste. Seine Auferstehungskraft ströme durch dich hindurch und bringe anderen Menschen Heilung und Befreiung. Erlebe Jesu Großzügigkeit und nimm sie als eigene Tugend an. Durch alles, was er für dich getan hat, soll dein Herz so von Liebe zu deinem himmlischen Vater überfließen, dass du einfach alles tun willst, was er möchte. Er soll dich noch mehr befähigen, andere in Liebe anzunehmen. Deine Ohren sollen feinfühlig auf seinen Ruf nach Arbeitern für die Ernte reagieren. Höre seinen persönlichen Ruf und antworte ihm darauf: „Hier bin ich, sende mich." Dein Vertrauen in ihn wachse immer weiter.

Er gieße sein Leben überreich in dich aus, schenke dir Segen, der Heilung und Wiederherstellung bringt. Jesus, der dir den Segen des Vaters gibt, schenkt durch dich auch anderen seine Gunst. Bezeuge du, was er für dich getan hat und erzähle voll Freude von seinen Werken. Dein Leben soll ein Zeugnis von Gottes Macht sein. Jesus, unsere Hoffnung, schenke durch dich anderen

Menschen große Hoffnung. Jesus, unser Heiler, heile andere durch dich. Jesus, die Quelle des lebendigen Wassers, verströme durch dich sein Leben in andere. Jesus, das Brot des Lebens, stille den Hunger anderer durch dich. Jesus, deine Freiheit, mache andere durch dich frei. Jesus, unser Sieg, schenke anderen durch dich den Sieg. Unser Gott ist ein wunderbarer Gott. Lobe seinen heiligen Namen.

In dem Wissen, wer du in ihm bist, nimm dein Tamburin zur Hand und das Leben mit Abenteuerlust, in heiligem Erstaunen und mit den großen Augen eines Kindes in Angriff. Hab den Mut, deine Träume wahrzunehmen und zu verfolgen.

Lerne die Liebe deines Vaters kennen, an sie glauben und auf sie vertrauen.

„Danach hörte ich die Stimme des Herrn, der sagte: Wen soll ich senden? Wer wird für uns gehen? Ich antwortete: Hier bin ich, sende mich!" (Jes 6,8)

„So soll euer Licht vor den Menschen leuchten, damit sie eure guten Werke sehen und euren Vater im Himmel preisen." (Mt 5,16)

„Geht hinaus in die ganze Welt, und verkündet das Evangelium allen Geschöpfen!" (Mk 16,15)

(Ps 66,16; Mt 25,35-36; Jer 31,4; 1 Petr 2,9; 2 Kor 1,5; Ps 119,171; Röm 15,13; Joh 4,35; Mt 9,37; Lk 10,2; 2 Kor 4,15; Eph 6,19; Röm 9,17)

Lauter Güte und Huld werden dir folgen dein Leben lang

„... ich habe euch erwählt und dazu bestimmt, dass ihr euch aufmacht und Frucht bringt und dass eure Frucht bleibt. Dann wird euch der Vater alles geben, um was ihr ihn in meinem Namen bittet. Dies trage ich euch auf: Liebt einander!" (Joh 15,16-17)

Jesus, die Güte und Huld des Vaters, segne dich mit einem fruchtbaren Leben, gelebt aus der Kraft des Heiligen Geistes. Güte und Barmherzigkeit begleiten dich ständig auf deinem täglichen Weg mit Jesus, füllen jeden Mangel aus und schaffen aus schwierigen Situationen Gutes. Erkenne, dass du als Königskind in seiner Gunst stehst. Gelange zu dem wachen Bewusstsein, dass du ein Leben in seiner barmherzigen Liebe lebst.

In diesem Wissen nimm die Freiheit in Anspruch, zu singen, zu weinen, zu lachen und zu träumen. Freue dich an dir selbst, so wie du bist, und auch an anderen Menschen. Sei dir so tief der Liebe des Vaters bewusst, glaube an sie und vertraue auf sie, dass du dich an den Gaben und Talenten anderer genauso freuen kannst wie an deinen eigenen. Die Verschiedenheit anderer bereichere dich, da du so tief in der Liebe und Sicherheit deiner eigenen Identität in Christus verwurzelt bist.

Die Frucht des Geistes wachse weiter in deinem Leben. Jesus bringe durch seinen Geist überfließenden Frieden, Liebe und Freude, Güte und Huld, Langmut und Geduld,

Freundlichkeit und Selbstbeherrschung in dein Leben. Alles was du tust, soll gedeihen. Du sollst die Arbeit deiner Hände lange Zeit genießen können.

Lerne die Liebe und Güte und Huld deines Vater kennen, an sie glauben und auf sie vertrauen.

„Er ist wie ein Baum, der an Wasserbächen gepflanzt ist, der zur rechten Zeit Frucht bringt und dessen Blätter nicht welken." (Ps 1,3)

„Mein Vater wird dadurch verherrlicht, dass ihr reiche Frucht bringt und meine Jünger werdet." (Joh 15,8)

„Wir alle spiegeln mit enthülltem Angesicht die Herrlichkeit des Herrn wider und werden so in sein eigenes Bild verwandelt, von Herrlichkeit zu Herrlichkeit, durch den Geist des Herrn." (2 Kor 3,18)

(Jak 3, 17; Gal 5, 22-23; Jes 65, 22; Röm 10,15; Hebr 4,15; 2 Tim 1,6; Jes 63,9; Ps 33,5; Röm 1,7; Jak 1,17-18)

Und im Haus des Herrn darfst du wohnen für lange Zeit

„Ich bin der Weinstock, ihr seid die Reben. Wer in mir bleibt und in wem ich bleibe, der bringt reiche Frucht." (Joh 15,5)

Jesus, der Retter der Welt, hat dich erkennen lassen, wie sehr du ihn brauchst. Durch seine Gnade hast du gesagt:

„Jesus, ich vertraue auf Dich", und dein Leben seiner Obhut anvertraut. Du weißt, dass du in ihm sicher bist. Erinnere dich voll Liebe an alles, was er für dich getan hat. Denke daran, dass du jetzt lernst, die Dinge des Lebens durch seine Augen der Liebe zu sehen. Du wirst ununterbrochen berührt und wiederhergestellt durch die Kraft des Heiligen Geistes. Erkenne, dass jeder Dienst an Brüdern und Schwestern ein Akt der Anbetung deines himmlischen Vaters ist. Begreife, dass dein Lobpreis für deinen himmlischen Vater ein Segen ist, dass du den Herrn mit deinem Lob „segnest".

Erkenne auch, dass du immer mehr ein Mensch des tiefen Gebets wirst, weil du weißt, dass die Kraft und Freiheit in deinem Leben aus der tiefen Gemeinschaft mit deinem Vater, dem Ewigen kommen, der deine Wirklichkeit ist. Er sei die Nummer eins in deinem Leben. Sei dir bewusst, wie sehr er an deiner Antwort auf seine Liebe Gefallen findet. Sei dir wirklich um die heilende Kraft bewusst, die im Segen deines Vaters liegt.

Jesus, der Name über allen Namen, Sohn des unsterblichen Königs, nimmt dich mit zum Jordan und öffnet dir die Ohren, damit du die Bundesworte deines Vaters tief in dich aufnimmst: „Du bist mein geliebtes Kind, an dir habe ich Gefallen gefunden." (Lukas 3,22). Diese Worte seien für immer in dein Herz eingegraben. Du sollst im Leben und im Tod, in Zeit und Ewigkeit und für immer sagen: „Jesus, ich vertraue Dir." Lerne die Liebe deines Vaters kennen, an sie glauben und auf sie vertrauen. Amen.

„Kommt, lasst uns niederfallen, uns vor ihm verneigen, lasst uns niederknien vor dem Herrn, unserm Schöpfer! Denn er ist unser Gott, wir sind das Volk seiner Weide, die Herde, von seiner Hand geführt." (Ps 95,6-7)

„... Lob und Herrlichkeit, Weisheit und Dank, Ehre und Macht und Stärke unserem Gott in alle Ewigkeit ..." (Offb 7,12)

„Dem König der Ewigkeit, dem unvergänglichen, unsichtbaren, einzigen Gott, sei Ehre und Herrlichkeit in alle Ewigkeit." (1 Tim 1,17)

(Ps 126,3; Ps 69,9; Joh 2,17; Röm 12,11; Ps 149,1; 1 Joh 4,16; Ps 103,1; Jes 46,4; Mt 6,6; Ps 21,6; Gal 6,8; 1 Joh 5,11)

„Vater unser im Himmel, geheiligt werde dein Name. Dein Reich komme, dein Wille geschehe wie im Himmel, so auf Erden. Unser tägliches Brot gib uns heute, und vergib uns unsere Schuld, wie auch wir vergeben unseren Schuldigern. Und führe uns nicht in Versuchung, sondern erlöse uns von dem Bösen. Denn Dein ist das Reich und die Kraft und die Herrlichkeit, in Ewigkeit. Amen."

Vorschläge zur Anwendung des väterlichen Segens

Ein Vater kann ihn seinen Kindern geben. Der Segen kann aber auch von einem Stellvertreter oder von einem geistlichen Vater für einzelne oder Gruppen gebetet werden. Man kann ihn ablesen oder direkt ins Gebet einbauen für jeden, der väterlichen Segen braucht. Wer den Segen spricht, sollte ihn ruhig der jeweiligen Situation anpassen.

1. Ein Vater kann den Segen auf eine Audio- oder Videocassette sprechen: Dann gibt er diese an seine Kinder und Enkel weiter. Man kann die Cassette als Stärkung und Trost leise abspielen, wenn die Kinder abends ins Bett gehen oder wenn ein Familienmitglied krank ist.

2. Wenn der Vater kleiner Kinder den Segen betet: Man könnte täglich einen Abschnitt aus dem väterlichen Segen mit in die Gebetszeit der Kinder hineinnehmen, nachdem man sich kurz mit ihnen über die Bedeutung des Themas unterhalten hat. Kleine Kinder können von ihren Vorstellungen vom Segen ein Bild malen und beschreiben, was sie darüber denken. Das Gebet kann dazu benutzt werden, schon kleine Kinder in Berührung mit dem himmlischen Vater zu bringen. Der Text des Segens kann dem jeweiligen Alter angepasst werden.

3. Für Väter erwachsener Kinder: Der Vater kann dies als Gelegenheit benutzen, seine Kinder für mangelnden Segen in den vergangenen Jahren um Vergebung zu bitten. Erwachsene Kinder können bei dieser Gelegenheit

„indirekten" Segen, den sie von ihrem Vater empfangen haben, zum Ausdruck bringen. Man kann eine Zeit von Gebet und Vergebung einfügen, um negative Erfahrungen zu heilen. (Ich bat meine Neffen und Nichten bei der Beerdigung ihres Vaters, einmal zu überlegen, wie sie von ihrem Vater gesegnet worden sind. Linda Sue sagte: „Er gab mir einen offenen Blick, einen weiten Horizont für das Leben." Todd sagte: „Er half mir, meine Kreativität zu entfalten und ließ mich meine eigenen Fehler machen." Darren sagte: „Er hat mir die Gabe des Mitleids und ein geistliches Erbe mitgegeben." Lori sagte: „Mir hat er die Fähigkeit gegeben, Spaß am Leben zu haben, und er gab mir ein Verantwortungsgefühl." Das alles waren „indirekte" Segnungen. Wie gut, wenn wir das unseren Vätern noch sagen können, bevor sie sterben!)

4. Als Gebet eines stellvertretenden Vaters mit einer Gruppe: Der Stellvertreter könnte eingangs von eigenen Erfahrungen mit Vätern berichten, die ihm auf seinem Weg geholfen haben und so zeigen, wie Gott für Ersatzväter sorgt. Er kann nacheinander jedem die Hände auflegen und einen persönlichen Segen sprechen. Je nach Größe der Gruppe kann man sich in kleinere Gruppen aufteilen und von persönlichen Segenserfahrungen berichten.

5. Als Gebet eines stellvertretenden Vaters mit einer Einzelperson: Als Einführung in den Segen kann der Stellvertreter im Namen des leiblichen Vaters um Vergebung für Verletzungen und Missbrauch bitten. Zum Beispiel: „Im Namen deines Vaters bitte ich dich jetzt um Vergebung für alle Verletzungen, die ich dir als Kind zugefügt habe. Ich bitte den Herrn, alle diese Verletzungen wiedergutzumachen."

6. Als Einzelgebet: Du kannst den Segen in einer behaglichen Gebetsecke beten und den Herrn bitten, dir die Herzenserfahrung des väterlichen Segens dazu zu schenken. Oder aber spiele eine Cassette mit dem väterlichen Segen ab.

7. Wenn der Vater fehlt: Ein männlicher Verwandter könnte den Segen für die Kinder beten. Oder aber die Mutter betet ihn von Gott, dem Vater her. Eine weitere Alternative ist es, eine Cassette mit dem väterlichen Segen abzuspielen. Leg deinen Söhnen und Töchtern die Hände auf und spricht für jeden einen persönlichen Segen.

8. Für Geistliche: Männliche Geistliche können den Segen als Stellvertreter des Vaters beten. Katholische Priester oder Geistliche aus Kirchen, die das Sakrament der Versöhnung kennen, können dies in den Heilungsprozess mit einbeziehen.

9. Für Gebetskreise: Eine Möglichkeit ist ein dreizehnwöchiges Programm, bei dem jede Woche ein einzelner Abschnitt aus dem väterlichen Segen drankommt.

„Der Gott des Friedens heilige euch ganz und gar und bewahre euren Geist, eure Seele und euren Leib unversehrt, damit ihr ohne Tadel seid, wenn Jesus Christus, unser Herr, kommt. Gott, der euch beruft, ist treu; er wird es tun." (1 Thess 5,23-24)